Ein Europa – Viele Sprachen

Mehrsprachigkeit in Europa

Sprachwissen 2

Die Grüne Reihe
herausgegeben von Bernd Ulrich Biere

Kap. 1-3 des vorliegenden Textes basieren auf den Kapiteln 13-15 meiner Monographie *Deutsch. Eine Sprache – Viele Sprachen.* Brey: Mykum 2014. Kap. 4 wurde hinzugefügt.

Der Text ist eine inhaltlich und sprachlich überarbeitete Neufassung meines Taschenbuchs *Deutsch – for example. Mehrsprachigkeit in Europa*. Brey: Mykum 2015

Bernd Ulrich Biere

Ein Europa – Viele Sprachen

Mehrsprachigkeit in Europa

mykum
Taschenbuch

Bibliographische Information der Deutschen Nationalbibliothek

Die Deutsche Nationalbibliothek verzeichnet diese Publikation in der Deutschen Nationalbibliographie; detaillierte bibliographische Daten sind im Internet über http://dnb.dnb.de abrufbar.

Auf der Bornau 29
D-56321 Brey

Herstellung und Vertrieb:

Books on Demand GmbH
In de Tarpen 42
22848 Norderstedt

Printed in Germany

ISBN 978-3-9818173-1-7

Inhalt

0 Vorwort des Herausgebers

Mit dem zweiten Band der Grünen Reihe *‚Sprachwissen'* wird das Konzept der (äußeren) Mehrsprachigkeit weiter differenziert: zunächst im Hinblick auf das Deutsche im Kontext anderer Mehrheitssprachen (in Europa und in der Welt) und anschließend auf der Ebene einer europäischen Mehrsprachigkeit in der Gegenwart wie als Zukunftsperspektive.

Somit soll dieser Band eine Grundlage bieten für eine theoretisch fundierte Diskussion aktueller Fragen europäischer Mehrsprachigkeit, die als eine kommunikativ tragfähige Mehrsprachigkeit mit mehr als 20 beteiligten Sprachen vorgestellt wird, trotz der zweifellos dominanten Rolle, die nach wie vor dem Englischen als lingua franca auch in Europa zukommt, unbeschadet des Austritts Großbritanniens aus der EU.

Dabei wird zunächst nach der Rolle des Deutschen in mehrsprachigen Kontexten gefragt, um dann das Phänomen der Mehrsprachigkeit einerseits im Hinblick auf das mehrsprachige Individuum, andererseits im Hinblick auf vielsprachige Nationen und deren Umgang mit der Existenz verschiedener Sprache auf ihrem jeweiligen Staatsgebiet zu erörtern.

Daraus ergibt sich fast zwangsläufig die zukunftsweisende Frage, wie die Europäische Union mit Mehrsprachigkeit als Ausgangspunkt und Ziel einer europäischen ‚Sprachenpolitik' umzugehen beabsichtigt, gerade auch dann, wenn es ihr erklärtes Ziel ist, möglichst nicht sprachplanerisch aktiv zu werden, also nicht eine europäische ‚Einheitssprache' zu propagieren, die vermutlich nicht Französisch, Spanisch oder Deutsch, sondern wohl Englisch sein würde.

Der Text wurde gegenüber der ersten Auflage (unter dem Haupttitel „Deutsch – for example" 2015 erschienen) inhaltlich wie sprachlich sorgfältig überarbeitet.

Brey, im Mai 2017 Bernd Ulrich Biere

1 Deutsch in Europa und in der Welt

Als Hinführung zu dem schon im vorangegangenen Band (= Sprachwissen 1) diachron wie synchron präsenten Gedanken einer ‚äußeren' wie ‚inneren' Mehrsprachigkeit in einem einzelnen Individuum, ebenso wie in einem mehrsprachigen Staatenverbund wie Europa, wollen wir in diesem zweiten Band zunächst noch einmal unsere eigene Sprache, das Deutsche, außerhalb von Deutschland, in Europa und in der Welt aufzufinden versuchen.

Wo wird außerhalb des mehr oder weniger geschlossenen deutschen Sprachgebiets (noch?) Deutsch als Muttersprache gesprochen und geschrieben? Wo finden sich deutschsprachige Minderheiten, die untereinander Deutsch sprechen, während sie im Umfeld einer anderen Mehrheitssprache leben? Wie gestaltet sich das Verhältnis von Minderheiten- und Mehrheitssprache im kommunikativen Kontakt? Welche Formen von Mehrsprachigkeit, welche Arten von Sprachenmischungen und welche funktional differenzierten Varietäten haben sich dort entwickelt, d.h. wann wird welche Sprache bzw. Varietät zu welchen kommunikativen Zwecken verwendet (Sprachenwahl, *code switching*) und welche Rolle spielt dabei das Deutsche?

Ohne auf all diese relativ vielschichtigen Fragen immer eine detaillierte Antwort geben zu können, will ich in diesem ersten Kapitel zumindest überblicksartig die sprachlich-kommunikative Situation deutschsprachiger Minderheiten in einer Reihe von Ländern betrachten, in denen Deutsch im Kontext verschiedener Mehrheitssprachen eine durchaus unterschiedliche Rolle spielt.

Deutsch und andere Sprachen

Wenn man i. S. einer ‚inneren' Mehrsprachigkeit auch die Verwendung regionaler Varietäten neben der Standardsprache als eine Form von Mehrsprachigkeit betrachtet, dürften die meisten

Sprecher und Sprecherinnen tatsächlich in irgendeiner Form mehrsprachig sein. Und auch im Sinne einer ‚äußeren' Mehrsprachigkeit sind viele uns im Laufe ihres Lebens durch das Erlernen der einen oder anderen Fremdsprache mehrsprachig geworden.

Wenn man auch zu Recht annehmen kann, dass unsere Muttersprache innerhalb Deutschlands, darüber hinaus inzwischen allerdings auch in zahlreichen Urlaubsländern, den meisten kommunikativen Ansprüchen weitgehend gerecht zu werden vermag, so können wir uns doch auch Situationen vorstellen, in denen wir unsere kommunikativen Ziele nicht angemessen erreichen, ohne dass wir uns einer Fremdsprache bedienen. So erwarten wir beispielsweise von amerikanischen oder japanischen Touristen in Deutschland in der Regel wohl auch, dass sie sich, wenn irgend möglich, ein wenig bemühen, wenigstens ein paar Worte Deutsch zu sprechen. (Ich gebe zu, dass dies viel verlangt ist, wenn man bedenkt, dass die Japaner manchmal in zwei oder drei Wochen eine ganze Europareise hinter sich bringen. Wie viele Sprachen müssten sie da lernen?)

Selbstverständlich hat jeder Mensch ein *Recht auf seine eigene Sprache*, die er verwenden kann, wann, wo, wozu und wie er will: Ein kommunikativ sensibler Mensch wird jedoch wohl kaum permanent auf das ausschließliche Verwenden seiner je eigenen Sprache pochen, sondern diese eben nur dort verwenden, wo es ihm kognitiv oder kommunikativ sinnvoll erscheint.

Und so können und sollen auch *deutschsprachige Minderheiten* (in welchem Land der Welt auch immer) sicherlich ihre Muttersprache und damit ihre sprachlich-kulturelle Identität ‚pflegen', sie werden dabei aber immer auch realitätsbewusst genug sein, sich auch den Herausforderungen einer wie auch immer gearteten Mehrsprachigkeit zu stellen, um in der Spannung zwischen ihrer Minderheitensprache ‚Deutsch' und der sie jeweils umgebenden Mehrheitssprache kommunikativ erfolgreich sein zu können.

100 Millionen Deutschsprachige in Europa

Nach relativ aktuellen Angaben der Bundesregierung ist Deutsch mit etwa 100 Millionen Sprechern in Europa die *meistgesprochene Sprache*. Dabei werden allerdings auch die *„anerkannten deutschsprachigen Minderheiten“*, *„wie zum Beispiel in Belgien, Dänemark, Italien, Polen, Rumänien und Ungarn“* hinzugerechnet, ebenso wie die Deutschsprachigen in weiteren (teilweise) deutschsprachigen Länder wie Österreich und der Schweiz, obwohl man hier nicht unbedingt von deutschsprachigen ‚Minderheiten‘ spricht, wenn das Deutsche durchgängige Landessprache bzw. eine der anerkannten Amtssprachen ist, wie z.B. in Belgien.

Diese ist in Österreich allerdings auf ein eigenes normbildendes Zentrum bezogen: also nicht auf Berlin, sondern auf Wien oder in der deutschsprachigen Schweiz auf Zürich. Genau dies ist mit der Charakterisierung des Deutschen als *plurizentrischer Sprache* gemeint (M. Clyne).

Im *Schwyzerdütsch* sind die Verhältnisse allerdings ein wenig komplizierter (z.B. hinsichtlich der Sprachverwendung in Mündlichkeit und Schriftlichkeit), in Belgien dagegen könnten wir schließlich doch von einer ‚deutschsprachigen Minderheit’ sprechen, die in einer bestimmten Randregion ansässig ist, nämlich in Ostbelgien in der Gegend um Eupen und St. Vith. Aber auch und gerade in diesen Ländern (deutlicher vielleicht noch in Luxemburg) müssen wir das Deutsche aufgrund vielfältiger Wechselwirkungen mit anderen Sprachen stets als ein Element im Kontext individueller wie staatlicher Mehrsprachigkeit betrachten.

Unsichere Zahlen

Mit Zahlen zu jonglieren, ist nie ganz unproblematisch, weil der Kontext, in dem die Zahlen gewonnen worden sind, nicht immer einheitlich ist und sich die Gegebenheiten natürlich auch ständig verändern. So leuchtet unmittelbar ein, dass sich die

Zahl der deutschen Muttersprachler in der *Sowjetunion*, die 1979 noch mit über einer Million angeben wird, verringert haben dürfte und sich weiter verringern wird, wenn immer mehr sog. Russlanddeutsche (sog. ‚Wolgadeutsche') nach Deutschland übersiedeln. Das Gleiche dürfte für *Polen* gelten, wo 1983 ebenfalls noch über eine Million Deutschsprachiger (bzw. *„deutsche Staatsangehöriger*", sog. *„Autochtonen*", wie es in Polen von offizieller Seite heißt) gezählt wurden.

Die Zahlen sind auch deshalb unzuverlässig, weil es sich größtenteils um Angaben der Sprecher selbst handelt, die es in dem jeweiligen politischen Kontext für mehr oder weniger opportun halten, sich zu ihrer Deutschsprachigkeit zu bekennen. Auch bleibt bei den pauschalen Zählungen größtenteils unberücksichtigt, wie sich in dem einen oder anderen Land die deutschen Sprachkenntnisse differenzierter darstellen, beispielsweise im Vergleich zwischen den Generationen.

Die quantitativen Unterschiede zwischen den von der Bundesregierung angeführten Ländern sind groß: Während es in *Dänemark* nur etwa 20.000 Nordschleswiger gibt, deren Muttersprache Deutsch ist, waren es in der ehemaligen *Tschechoslowakei* immerhin etwa 60.000, in *Belgien* finden wir über 100.000 Deutschsprachige, in *Ungarn* und *Rumänien* sind es jeweils gut 200.000 und in *Italien* fast 300.000, überwiegend wohl in Südtirol.

Je nachdem, was man als ‚*Deutschsprachigkeit*' definiert, finden wir auch in *Frankreich* (im Elsass und in Lothringen) 1982 noch über eine Million Einwohner, die des Deutschen zumindest passiv mächtig sind, es aber teilweise, beispielsweise in deutsch-französischen Ehen, durchaus auch fließend sprechen. Wir werden hier allerdings in der Regel nicht das Standarddeutsche antreffen, sondern die jeweilige regionale Varietät, also Elsässisch bzw. Lothringisch. Bei der international bekannten lothringischen Sängerin Patricia Kaas mag man die regionale Varietät zwar im Fernsehinterview noch heraushören; wenn sie jedoch die Lieder von Edith Piaf singt, wird schnell deutlich, dass Französisch ebenso ihre Muttersprache ist wie das Lothringische, dass sie also perfekt ‚zweisprachig' ist. Diese Art von Zweisprachigkeit, also die Beherrschung einer regionalen Varietät und einer dieser Varietät nicht zuzuordnenden Standardsprache, in diesem Fall Französisch, wird in der Linguistik in der Regel als *Diglossie* (Ch. Ferguson) bezeichnet.

Deutschsprachige in aller Welt

Wo könnten wir *außerhalb Europas* deutschsprachige Minderheiten finden? Sicherlich in den großen Einwanderungsländern Australien, Kanada und in den USA oder auch in Lateinamerika. Grobe Angaben hierzu macht ein Forschungsüberblick zum Thema ‚*Deutschsprachigen Minderheiten*', der Ende der 80-er Jahre am Institut für Deutsche Sprache in Mannheim im Auftrag des Auswärtigen Amts erarbeitet worden ist. Alle im Folgenden gemachten Angaben habe ich dieser Arbeit entnommen.

In *Australien* ist die Gemeinschaft der Deutschsprachigen relativ klein. 1986 wurden nur knapp 110.000 Personen mit „*Deutsch als Haussprache*" gezählt. In Perth in Südwestaustralien versammelten sich 2008 gerade einmal 30-40 deutschsprachige Mitglieder der ‚*Goethe Society*' (die hier bezeichnenderweise nicht ‚*Goethe-Gesellschaft*' heißt) zu einem kleinen Vortrag, den ich dort anlässlich eines Lehraufenthalts an der University of Western Australia gehalten habe. Wenn es sich bei den Zuhörern nicht gerade um Deutschlehrerinnen handelte, war Deutsch tatsächlich nichts anderes als ‚*Haussprache*'. Im beruflichen Alltag spielt Deutsch auch für Deutschsprachige in Australien kaum eine Rolle. Ähnlich wird es in *Kanada* sein, wo wir 1989 noch fast eine halbe Million Personen mit ‚Deutsch als Muttersprache' finden. Und auch in den *USA* wurden 1980 tatsächlich nur noch 1,6 Millionen Personen mit ‚*Deutsch als Haussprache*' gezählt.

In Lateinamerika hat wohl *Brasilien* den größten Anteil an Deutschsprachigen, nämlich etwa eine Million (die Schätzungen reichen von 500.000 bis 1,5 Millionen), in *Argentinien* sind es etwa 300.000, in *Paraguay* noch 125.000. In *Mexiko* finden wir 50.000 bis 60.000 Personen mit Deutsch als Muttersprache, in *Chile* 20.000 bis 30.000 und selbst in *Kolumbien* sind es noch gut 10.000, ebenso wie in *Bolivien,* 8.000 in *Uruguay*, 4.500 in *Peru* und etwa 3.000 in *Ecuador.*

In Afrika steht *Südafrika* an der Spitze mit rund 40.000 Personen, die Deutsch als Haus- oder Umgangssprache sprechen, gefolgt von *Namibia* mit ca. 20.000 Deutschsprachigen. Und auch in *Israel* leben natürlich deutschsprachige Juden aus Deutschland und Österreich (rund 100.000).

Beispiel Rumänien: ‚Siebenbürger Sachsen'

Aber zurück nach Europa: In *Rumänien* wurden Ende der 80-er Jahre noch etwa 200.000 Personen mit Deutsch als Muttersprache gezählt. Gerade in Bezug auf Rumänien sind in den letzten Jahrzehnten zahlreiche Projekte in Angriff genommen worden, die von der Bundesregierung (Beauftragte für Kultur und Medien) unterstützt worden sind. So wurde beispielsweise die Fortführung eines siebenbürgischen *Schriftstellerlexikons* ebenso gefördert wie ein siebenbürgisch-sächsisches *Wörterbuch* oder die Archivierung und Digitalisierung wichtiger sprachlicher Quellen wie beispielsweise siebenbürgischer *Gesangbücher* in deutscher Sprache.

Siebenbürgen ist neben dem *Banat* eine der traditionellen ‚*Vielvölkerregionen*' Rumäniens. Die älteste deutschsprachige Bevölkerungsgruppe in Südosteuropa waren die ‚*Siebenbürger Sachsen*'. Sie stammten jedoch nicht, wie man meinen könnte, aus dem heutigen Sachsen, sondern vermutlich aus Mittelfranken und dem westlichen Rheinland, aus Westfalen, Hessen, Bayern und Thüringen. In Rumänien wurden die rund 300.000 Deutschsprachigen ‚*Sachsen*' genannt, während im heutigen Kroatien Deutsche offenbar als ‚*Schwaben*' bezeichnet werden, denen in ihrem Siedlungsgebiet *‚Königsboden'* nördlich der heutigen rumänischen Stadt *Sibiu* (Hermannsstadt) und im Burzenland (um Kronstadt) durch König Andreas II. im *„Goldenen Freibrief"* von 1224 territoriale, politische und kirchliche Unabhängigkeit garantiert wurde. Die dadurch ermöglichte Selbstverwaltung wurde erst mit der Angliederung Siebenbürgens an die ungarische Hälfte der österreichisch-ungarischen Doppelmonarchie im Jahre 1876 aufgehoben. Allerdings siedelten sich bereits im 18. Jahrhundert in Siebenbürgen auch ‚Kolonisten' aus Oberösterreich, Kärnten und der Steiermark an. 1918, zwei Jahre vor dem Anschluss an das Königreich Rumänien, sollen allein in Siebenbürgen rund 230.000, vorwiegend evangelische *‚Sachsen'* (= Deutschsprachige) gelebt haben.

‚Banater Schwaben' und ethnische Vielfalt

Die von Ungarn im frühen 18. Jahrhundert unterstützte Ansiedlung Deutschsprachiger im Banat, einem Gebiet im Südosten Ungarns um die heutige rumänische Stadt *Timisoara* (Temeschwar), erfolgte in drei ‚Wellen', den sog. *‚Schwabenzügen'*, Anfang, Mitte und gegen Ende des 18. Jahrhunderts. Insgesamt brachte die seinerzeit von Ungarn betriebene ‚Kolonisierung' des Banat Regionen hervor, die von einer außergewöhnlichen ethnischen Vielfalt geprägt waren. Die Siedlergruppen kamen aus Italien und Spanien, aus Albanien und Bulgarien, aus den Niederlanden und aus Frankreich, aus Tschechien und aus der Ukraine. Warum schließlich der deutschsprachige Teil der Siedler im Banat überwog, ist schwer zu sagen. Manche Forscher führen dies auf unterschiedliche Alterstrukturen sowie auf ein höheres Lebensalter zurück, das die deutschsprachigen Siedler erreichten. Sie stammten ähnlich wie die Siebenbürger Sachsen größtenteils aus dem westlichen Rheinland und aus Franken, ein kleinerer Teil aus Württemberg, Bayern, Tirol, Sachsen, Böhmen und der Slowakei.

Bis Ende des 18. Jahrhunderts wanderten insgesamt etwa 60.000 Siedler in das Banat ein und gründeten dort rund 100 ‚deutsche' Gemeinden. Rechtsgrundlage für diese Kolonisation waren die 1755 unter Maria Theresia formulierten ‚Ansiedlungsbedingungen', die den Siedlern eine Reihe von Freiheitsgarantien gaben. Im Banat, das bis 1918 zu Ungarn gehörte, lebten gegen Ende des ersten Weltkriegs noch über 300.000 ‚*Banater Schwaben*', die im Gegensatz zu den evangelischen Siebenbürger Sachsen überwiegend römisch-katholisch waren.

„Rumäniendeutsch"

Ab Anfang des 20. Jahrhunderts, als das östliche Banat 1919 schließlich in das Königreich Rumänien eingegliedert wurde, können wir im Banat von „*Rumäniendeutschen*" sprechen. Allerdings blieb nur der östliche Teil der Bukowina bei Rumänien, der nördliche Teil fiel 1940 bzw. 1947 an die Sowjetunion und gehört heute zur Ukraine. Die 70.000 Bukowina-Deutschen wurden bereits 1940 wieder nach Deutschland umgesiedelt. Die heute als ‚rumäniendeutsch' bezeichnete Minderheit bestand bis Anfang des 20. Jahrhunderts aus sehr unterschiedlichen Bevölkerungsgruppen, die weitgehend unabhängig voneinander auf dem Gebiet des Königreichs Rumänien lebten.

‚*Rumäniendeutsch*' ist bis heute eine sehr heterogene Sprache bzw. Varietät geblieben. Neben der deutschen Standardsprache und einer österreichisch gefärbten Umgangssprache existieren in den ehemaligen Siedlungsgebieten der deutschen Minderheit zahlreiche überregionale, regionale und lokale Mundarten. Am einheitlichsten erscheint noch der *südostschwäbische Dialekt* der sog. *Sathmar-Schwaben* mit relativ wenigen rumänischen, jedoch zahlreichen ungarischen Entlehnungen. Die aus Württemberg, Franken und dem Rheinland stammenden Sathmarer Schwaben wurden Anfang des 18. Jahrhunderts auf Initiative der Habsburger und ungarischer Grundherren angeworben und im äußersten Nordwesten des heutigen Rumäniens südlich der Stadt *Sathmar* (*Satu Mare*) angesiedelt.

Im Banat überwiegen dagegen *südfränkisch-alemannische* sowie *südfränkisch-bairische* Dialekte mit ungarischen und rumänischen Wortschatzelementen. In der Bukowina (Buchenland) im rumänisch-ukrainischen Grenzgebiet existieren *rheinfränkisch-pfälzische* und *mittelbairisch-böhmerländische* Mischdialekte, in der ‚Sprachinsel' Oberwischau östlich von Sathmar finden wir schließlich wieder *mittel- und südbairsche* Dialekte mit *österreichischen* und selbst *schlesischen* Einflüssen. - Die zunehmende Urbanisierung förderte allerdings die Entstehung neuer, überregionaler Mundarten, ebenso wie die weitere Verbreitung der deutschen Standardsprache, die in der jüngeren Generation wohl inzwischen zur vorherrschenden ‚Varietät' geworden sein dürfte.

Die Rumäniendeutschen sind auch heute noch in der Regel *mehrsprachig*. Ihre Sprachkompetenzen sind zum Teil ungewöhnlich breit gefächert. So beherrschen zahlreiche Sprecher beispielsweise mehrere Varietäten des Deutschen wie auch des Rumänischen (Standardsprache und Dialekte). Je nach der Art der Sprachkontakte finden sich darüber hinaus ungarische, serbische oder ukrainische Sprachkenntnisse.

Am Arbeitsplatz wie auch in der Freizeit durchdringen jedoch in erster Linie rumänische Elemente die Alltagskommunikation inzwischen so stark (*„Die ganze Instalatie müssen wir revizuin"*), dass sich fast so etwas wie eine ‚Mischsprache' herauszubilden scheint. Wenn der Rumäniendeutsche einen ‚Grillbraten' bestellt hat, dann ‚*kommandierte*' er einen ‚*Gretar*' (rum.: *a commanda un gratar*).

Mit der anhaltenden Auswanderung bzw. Aussiedlung rumänischer Bürger deutscher Nationalität und Sprache seit den 80-er Jahren sind die deutschsprachigen Institutionen ebenso zurückgegangen wie der Zusammenhalt der Restgruppe der Deutschsprachigen. Mit dem zahlenmäßigen Rückgang der deutschsprachigen Minderheit in Rumänien gehen natürlich auch Kenntnis und Verwendung der deutschen Sprache weiter zurück. Vielleicht ist die Kirche, wie die erwähnte Beschäftigung mit den Gesangbüchern andeutet, eine der letzten Domänen des

Deutschen in Rumänien. Aber selbst in ehemals deutschsprachigen Gemeinden ist die heutige Kirchensprache eher Rumänisch als Deutsch.

Ins Bewusstsein der Öffentlichkeit ist die rumäniendeutsche Tradition vielleicht erst wieder mit der Verleihung des Literaturnobelpreises an die rumäniendeutsche Schriftstellerin *Herta Müller* im Jahre 2009 getreten.

Deutschsprachige Literatur in Rumänien

Mit den Regionen Siebenbürgen und dem Banat sind jedoch eine ganze Reihe weiterer Schriftstellerbiografien verbunden, wie beispielsweise die von Oskar Pastior, der den Stoff für eines der Bücher Herta Müllers lieferte.

Mehr als in anderen osteuropäischen Ländern fand sich in Rumänien stets ein reges deutschsprachiges *literarisches Leben.* In *Temeswar* (Timsoara) etwa gab es ein “deutsches Staatstheater“, in *Hermannstadt* (Sibiu) eine „deutsche Abteilung“ am dortigen Staatstheater. Mit der literarischen Zeitschrift *„Neue Literatur“* schufen sich die deutschsprachigen Schriftsteller ein gemeinsames Forum. Schon früh siedelten allerdings die ersten nach Deutschland über: Oskar Pastior kam bereits 1968 in die Bundesrepublik, Herta Müller lebt seit 1987 in Berlin. Die Zeitschrift *„Neue Literatur. Zeitschrift des Schriftstellerverbandes der SRR“*, die 1949 aus der in Temeswar gegründeten Literaturzeitschrift *„Banater Schrifttum“* hervorgegangen war, verlegte 1958 den Redaktionssitz nach Bukarest, erschien dort bald nur noch unregelmäßig, bis sie 1995 eingestellt wurde.

In dem Maße, in dem große Teile der deutschsprachigen Minderheiten aus Rumänien, ebenso wie aus der Sowjetunion, aus der Ukraine, aus Ungarn und aus Polen, nach Deutschland zurückkehren, geht die Verbreitung der deutschen Sprache als Minderheitensprache in den betroffenen Regionen immer mehr zurück. Bleiben Mitglieder der jüngeren Generationen in ihrer neuen Heimat, so sind die Assimilierungstendenzen groß.

Durch das verständlicherweise an der jeweiligen Mehrheitssprache orientierte Schulwesen der betreffenden Länder hat die (ehemalige) Muttersprache Deutsch bei den verbliebenen Jugendlichen kaum noch eine Chance, sie wird zur „*Großmuttersprache*“.

Beispiel Ungarn

Ein Beitrag von G. Jakob in der Zeitschrift SPRACHREPORT Ende 1986, den wir im Folgenden unserer Darstellung von ‚Deutsch als Minderheitensprache in Ungarn' zugrunde legen, hat genau diesen Titel: „*Deutsch als Großmuttersprache*“. Anlässlich eines Staatsbesuchs des damaligen Bundespräsidenten Richard von Weizsäcker führte eine ungarndeutsche Schule bei *Pécs (Fünfkirchen)* in Südungarn „*donauschwäbische Trachten, Volkslieder, Mundartartdichtung*“ vor und der Bundespräsident war beeindruckt: „*Es hat unsere Herzen erfreut, wie Sie sich Ihrer Herkunft erinnern.*“ (Sprachreport 4/86, S. 12).

Eine Begegnung mit Vertretern der „*Ungarn deutscher Nationalität*“ (es waren seinerzeit noch etwa 200.000) war dabei keineswegs ein politischer Affront, vielmehr legte die ungarische Regierung offenbar ausdrücklichen Wert darauf, dem Staatsgast auch das eher ländlich-provinziell geprägte Leben der Ungarndeutschen zu zeigen, nicht zuletzt als lebendigen Hinweis auf die bereits in den 80-er Jahren relativ liberale Minderheitenpolitik in Ungarn.

Liberale Minderheitenpolitik

1985 hatte die „Ungarische Sozialistische Arbeiterpartei“, den folgenden Beschluss gefasst:

„*Die Nationalitäten betrachten die Volksrepublik Ungarn als ihre Heimat. Ihre Gleichberechtigung, die Pflege ihrer Muttersprache, die Entwicklung ihrer Kultur müssen auch in Zukunft gesichert werden. Wir schätzen und unterstützen auch weiterhin die Tätigkeit der Nationalitätenverbände. Die Nationalitäten spielen eine wichtige Rolle bei der Entfaltung der Freundschaft zwischen den Ungarn und den benachbarten Völkern. Die Kontakte der ungarländischen Nationalitäten zu den Nationen mit gleicher Muttersprache halten wir für natürlich und fördern sie. Für genauso natürlich halten wir, daß die Werktätigen ungarischer Nationalität in den benachbarten Ländern – als treue Bürger ihrer Heimat – ihre Muttersprache pflegen, ihre nationale Kultur entfalten und zur Festigung der Freundschaft und Zusammenarbeit zwischen unseren Ländern beitragen.“*

Bereits seit Anfang der 50-er Jahre war der Deutschunterricht in allen Schulstufen, vom Kindergarten bis zum Abitur, wieder eingeführt worden. Allerdings wurde dieser Unterricht auch von einem großen Teil der ungarischsprachigen Schüler wahrgenommen, so dass es sich in der Praxis wohl eher um Fremdsprachenunterricht als um muttersprachlichen Unterricht gehandelt haben dürfte. Bemerkenswert ist jedoch, dass hier bereits in der Grundschule ein „*zweisprachiger Unterricht*“ angestrebt wurde, bei dem beispielsweise die Fächer Umweltkunde, Musik und Geschichte in deutscher Sprache unterrichtet wurden.

Auch in einigen Gymnasien wurden deutschsprachige Züge eingeführt (z.B. in Budapest, Fünfkirchen und Frankenstadt), was dem Unterrichtsgesetz von 1986 durchaus entsprach. In (§ 7) heißt es dort:

„(1) Die Sprache der Erziehung im Kindergarten und des Unterrichts in der Schule ist ungarisch sowie jede in der Volksrepublik Ungarn gesprochene Nationalitätensprache.

(2) ...

(3) Die Nationalitätensprachen können auf sämtlichen Stufen des Schulunterrichts gelernt werden.“

Auch in der ungarischen Germanistik, in Volkskunde und Soziologie wird die Nationalitätenthematik seit Mitte des 20. Jahrhunderts relativ intensiv bearbeitet.

Keine homogenen Sprachgebiete

Geschlossene Verbreitungsgebiete rheinfränkischer und bairischer Dialekte, wie sie ehemals wohl bestanden haben, existieren heute in Ungarn kaum mehr. Auch in den südungarischen Gebieten um *Pécs* (Fünfkirchen) und in einigen an Österreich angrenzenden Gebieten sind die Deutschsprachigen nur noch eine Nationalitätengruppe unter anderen.

Gute (muttersprachliche) Deutschkenntnisse sind tatsächlich ausschließlich bei der Großelterngeneration vorhanden, so dass zu Recht davon gesprochen werden kann, dass Deutsch in Ungarn zu einer *Großmuttersprache* geworden ist.

Gleichwohl ist das Interesse am Erwerb von *Fremdsprachenkenntnissen* groß. Ähnlich wie andere kleinere europäische Ländern mit weniger verbreiteten Sprachen investiert auch Ungarn in Fremdsprachenkenntnisse. Während *Russisch* in Zeiten des Warschauer Pakts die erste obligatorische Fremdsprache war, hat *Englisch* heute das Russische längst aus der Spitzenposition verdrängt, war es doch bereits in den 80-er Jahren die zweitbeliebteste Fremdsprache vor *Deutsch*, das auf dem dritten Platz der Beliebtheitsskala lag.

War damals die DDR der wichtigste deutschsprachige Handelspartner Ungarns, so ist es heute sicherlich der Tourismus, der als ein Arbeitsplätze schaffender Wirtschaftsfaktor Deutsch attraktiv macht. Auch wenn wir inzwischen vielleicht eher vom ‚*Balaton*' anstatt vom ‚*Plattensee*' sprechen, freuen wir uns im relativ fremden Umfeld einer nicht indoeuropäischen Sprache nicht nur, wenn wir ‚erraten' haben, dass *Etterem* wohl ‚Restaurant' bedeuten könnte (obwohl das Wort wohl gar nichts mit Essen zu tun hat), sondern auch, wenn es eine deutsche Speisekarte gibt und wir die Bedienung ‚loben' können, wie gut sie

Deutsch spricht und sie bescheiden antwortet: „*Ein bisschen. Ich lerne noch.*“

‚Magyardisierung’

So kann man gegenwärtig in Ungarn wohl zwei gegenläufige Bewegungen beobachten: Während *Deutsch als Muttersprache* den nächsten Generationenwechsel wohl kaum überdauern wird, so ist doch das Interesse an *Deutsch als Fremdsprache* deutlich angestiegen. Deutschkenntnisse sind bei jüngeren Ungarn jenseits muttersprachlicher Kompetenzen als Kenntnisse des Deutschen als Fremdsprache immer häufiger zu finden.

Selbst wenn der eine oder andere Jugendliche einen Generationen zurückliegenden deutschsprachigen familiären Hintergrund haben sollte, so sind seine Deutschkenntnisse doch faktisch fremdsprachliche Kenntnisse des Deutschen: Die junge Generation ist demnach inzwischen weitestgehend ‚magyardisiert’, d.h. die jungen mehrsprachigen Menschen sind ganz einfach Ungarn, gleich welcher (ursprünglichen) Nationalität und Muttersprache.

Auswärtige Kultur- und Bildungspolitik

Im Rahmen ihrer Auswärtigen Kultur- und Bildungspolitik fördert die Bundesrepublik Deutschland in Zusammenarbeit mit verschiedenen *Mittlerorganisationen* deutsche Sprache und Kultur im Ausland natürlich gerade auch dort, wo keine Bezüge zu deutschsprachigen Minderheiten zu finden sind. Zu den zentralen Aufgaben gehört neben verschiedenen zu fördernden Bereichen, wie dem Wissenschafts- und Hochschulaustausch, dem Auslandsschulwesen, der Beruflichen Bildung und Weiterbildung, der Kulturellen Programmarbeit, Medien, Jugend und Sport, auch die Förderung der *deutschen Sprache*, die im Bericht der Bundesregierung „*Auswärtige Kultur- und Bildungspolitik 2010/2011*“ inzwischen als eigener Tätigkeitsbereich aufführt wird:

„*Aus außenkulturpolitischer Sicht ist die Förderung der deutschen Sprache ein wichtiges Instrument, um* ***langfristige Bildungspartnerschaften*** *einzugehen, zukünftige Spitzenkräfte an Deutschland zu binden und so den* ***Wirtschafts-, Wissenschafts- und Studienstandort Deutschland zu stärken****. Vor dem Hintergrund sinkender Zahlen Deutschlernender hat sich das Auswärtige Amt daher zum Ziel gesetzt, die Förderung von Deutsch als Fremdsprache (DaF) weltweit zu intensivieren. Sprachförderung ist eine Generationenaufgabe, die kontinuierlicher und langfristiger Investitionen bedarf.*“ (S. 30)

In der 2010 begonnenen Kampagne „*Deutsch – Sprache der Ideen*“ arbeitet das Auswärtige Amt mit den sog. *Mittlerorganisationen* zusammen: dem *Goethe-Institut*, dem *Deutschen Akademischen Austauschdienst (DAAD)*, der *Zentralstelle für Auslandsschulwesen*, dem *Pädagogischen Austauschdienst*, dem *Institut für Auslandsbeziehungen* und der *Deutschen Welle*. Schwerpunkte der Kampagne waren bisher Russland und Indien, dann aber auch Frankreich, China und die EU-Länder.

15 Millionen Deutschlernende

Nach einer vom „*Netzwerk Deutsch*“ alle fünf Jahre durchgeführten Erhebung lernen derzeit weltweit fast 15 Millionen Menschen Deutsch als Fremdsprache, davon ca. 13 Millionen an Schulen, rund 1,5 Millionen an Hochschulen und etwa 0,2 Millionen in Institutionen der Erwachsenenbildung.

Eine immer größere Bedeutung im Rahmen der Förderung des Deutschen als Fremdsprache gewinnt „*Deutsch als Zusatzqualifikation für den Beruf und für die Wirtschaft*“. In verschiedenen Ländern durchgeführte Projekte haben bereits deutlich gemacht, „*welche Vorteile deutsche Sprachkenntnisse für die berufliche Entwicklung junger Menschen weltweit und für die deutsche Wirtschaft bringen.*“ (S. 31)

In Europa sind also einerseits fast 100 Millionen Menschen deutsche Muttersprachler, womit Deutsch die meistgesprochene Sprache in der EU ist. Andrerseits kommen weltweit rund 15 Millionen Menschen dazu, die auf die eine oder andere Weise Deutsch als Fremdsprache erlernt haben.

Man kann sich gut vorstellen, dass solche Zahlen immer wieder zu neuen Anläufen in den EU-Institutionen motivieren, die Stellung der deutschen Sprache, die offiziell ja ohnehin dritte Amts- und Arbeitssprache neben Englisch und Französisch ist, zu stärken (s. Kap. 3), selbst wenn das Englische de facto längst zur allgemein genutzten EU-Arbeitssprache geworden ist.

Lektüreempfehlungen zu Kap. 1

Abgesehen von inzwischen zahlreichen Arbeiten zu ‚*Deutsch als Fremdsprache*‘, ist die Literatur zu ‚*Deutschsprachigen Minderheiten*‘ relativ überschaubar geblieben. Dabei gibt es kaum Überblicksdarstellungen, sondern eher sehr spezialisierte bzw. länderspezifische Untersuchungen. Daher empfehle ich als ersten Gesamtüberblick, wenn auch nicht mehr ganz aktuell:

Born, Joachim/ **Dickgießer**, Sylvia: *Deutschsprachige Minderheiten. Ein Überblick über den Stand der Forschung für 27 Länder*. Institut für deutsche Sprache im Auftrag des Auswärtigen Amtes. Mannheim 1989.

Die einschlägige Publikationsreihe des IDS „*Deutsche Sprache in Europa und Übersee*“ wurde 1993 mit Bd. 15 abgeschlossen.

Umfassend und informativ:

Ammon, Ulrich: *Die Stellung der eutschen Sprache in der Welt.* Berlin/ München/ Boston: de Gruyter 2015.

2 Vielsprachigkeit und Bilingualismus

Unser ‚*Lob der Mehrsprachigkeit*' könnte durchaus bereits von Johann Wolfgang von Goethe inspiriert sein, der uns in ‚*Maximen und Reflexionen*' (91) darin bestärkt, fremde Sprachen nicht nur verstehen zu lernen, um unsere individuellen kommunikativen Möglichkeiten auf eine breitere Basis zu stellen, sondern letztendlich auch, um unsere eigene Sprache (und vielleicht sogar uns selbst) besser zu verstehen:

„*Wer fremde Sprachen nicht kennt,*

weiß nichts von seiner eigenen."

Wissen und Können

Aber sprechen wir unsere Muttersprache nicht in jedem Fall besser als jede mögliche andere Sprache, die wir als Fremdsprache lernen könnten? – Sicherlich, aber in unserem Goethe-Zitat geht es nicht um die praktische Sprachbeherrschung, deren muttersprachliche ‚Zwanglosigkeit' wir in der Fremdsprache kaum erreichen können (*Sprachkönnen*). Es geht um ein *Nachdenken über Sprache* bzw., wie wir jetzt im Kontext unserer Überlegungen zur Mehrsprachigkeit sagen können, auch um ein Nachdenken über Sprache**n** (in der Mehrzahl), in dem unsere eigene Sprache nur deshalb eine besondere Position einnimmt, weil wir vermutlich annehmen, dass wir über unsere eigene Sprache mehr *wissen* als über irgendeine fremde Sprache (*Sprachwissen*).

Diese landläufige Annahme ist allerdings nicht unbedingt zutreffend. Denn es ist eine besondere Fähigkeit, sich gegenüber seiner eigenen Sprache *reflexiv* zu verhalten (man könnte auch sagen: ‚*nachdenklich*'), die zwar in der natürlichen Sprache angelegt ist, weil die Sprachen selbst sprachreflexive Mittel enthalten, die in der alltäglichen Kommunikation jedoch kaum zum Tragen kommen kann, weil im jeweiligen Kommunikationsgeschehen kaum Zeit zu expliziter Sprachreflexion haben.

Wir müssten die kommunikative Bewegung anhalten, um Sprache quasi als ‚Gegenstand' betrachten zu können. Jeder Versuch einer metasprachlichen oder außerkommunikativen Betrachtung von Sprache fördert ihre charakteristische Doppelstruktur zutage: Sprache wird nicht nur nicht nur zum *Gegenstand* der Reflexion, jede Reflexion muss sich vielmehr selbst wiederum in Sprache artikulieren. Genau in diesem Sinn ist die Sprache bereits selbst ein *reflexives Medium*, dessen wir uns, auch wenn wir uns ihrer Betrachtung zuwenden, stets bedienen müssen.

Wenn wir alltagssprachlich kommunizieren, ist dieses kommunikative Handeln zunächst ein sprachspezifisches *Können*, wie wir es mit dem Begriff der *Sprachkompetenz* zu erfassen versuchen. Wenn wir unsere Sprache jedoch im Kontext mit anderen Sprachen *verstehen* wollen, müssen wir uns *Wissen* ***über*** *Sprache(n)* aneignen, um auf der Grundlage dieses Wissens Sprachreflexion betreiben zu können (wobei auch dieses Wissen selbst bereits durch hervorgebracht wird).

Einen reflexiven Zugang zur je eigenen Sprache zu finden, wird nun, ganz im Sinne Goethes, tatsächlich dadurch erleichtert, dass man die eigene Sprache im Kontext mit anderen Sprachen sieht; im Kontext einer fremden Sprache, die uns dann vielleicht auch unsere eigene Sprache ein wenig ‚fremd' erscheinen lässt. Eine solche doppelte Fremdheitserfahrung hilft uns gewissermaßen, gerade auch zu unserer eigenen, uns im Gebrauch vertrauten Sprache so viel Abstand gewinnen, dass wir sie, wie gesagt, wie einen Gegenstand außerhalb unserer selbst betrachten, sie quasi ‚objektivieren' können, obwohl sie doch einen wesentlichen Teil von uns selbst ausmacht. – Mindestens in diesem Sinn ist Sprachreflexion ein wesentlicher Aspekt von Selbstreflexion.

Sprachvergleich und Mehrsprachigkeit

Als ich zum Sommersemester 1968 an der Eberhard-Karls-Universität in Tübingen das Studium der Germanistik und Romanistik begann, lehrte dort neben dem renommierten Allgemeinen Sprachwissenschaftler Eugenio Coseriu der Österreicher Mario Wandruszka Romanische Sprachwissenschaft. Wandruszka war, wie die älteren Studierenden ihn charakterisierten, ein ‚Impressionist'. Er ‚erzählte' von der laufenden Arbeit an seinem gerade entstehenden Buch *„Sprachen – vergleichbar und unvergleichlich*", zeigte an Übersetzungsschwierigkeiten bei Texten von Thomas Mann und anderen Autoren auf, wie die Strukturen des Deutschen und Französischen sich das eine Mal ähnelten, ein anderes Mal völlig unterschiedlich ausgebildet waren, so dass man wohl eher kreativ als mechanisch nach Übersetzungsäquivalenten suchen müsste.

Wandruszka hielt sich in seinen Vorlesungen auch nicht mit gewagten Spekulationen zurück, warum beispielsweise im Deutschen *das Meer* sächlich konzipiert werde, in den romanischen Sprachen dagegen einmal weiblich (französisch *la mer*), ein anderes Mal männlich (spanisch *el mar*), und warum es bei der Sonne genau umgekehrt sei (*die Sonne – le soleil/ el sol)* und beim Mond (*der Mond – la lune/ la luna)* wieder umgekehrt. Gibt es dafür Erklärungen? – Streng linguistisch sollte man sich mit Spekulationen, ob dies vielleicht etwas damit zu tun haben, wie ‚weiblich' oder wie ‚männlich' wir bestimmte Teile der Welt oder des Weltalls ‚sehen', wohl eher zurückhalten: Die Artikel zeigen das *Genus* der Substantive an, kein ‚Geschlecht' im Sinne von *Sexus*. (Genau dies – *Genus* und *Sexus* – dürfte wohl auch die feministische Linguistik eine Zeitlang verwechselt haben.)

Wenn es tatsächlich etwas mit unserer Sicht der Welt zu tun hätte, ob wir das Meer als ‚sächlich' oder als ‚weiblich' wie im Französischen oder als ‚männlich' wie im Spanischen markieren, wie kämen wir dann als *mehrsprachige Individuen* damit zurecht? Bräuchten wir dann eine doppelte ‚Weltsicht'? - Ich würde Ihnen zwar sofort zustimmen, dass es tatsächlich etwas entschieden anderes, in der Nordsee oder im Mittelmeer zu schwimmen (zumindest was die Wassertemperatur, die Höhe der Wellen usw. betrifft). Aber was sollte dieser real spürbare Unterschied in der Welt mit der Wahl des Genus zu tun haben? Wäre dann das Mittelmeer der Inbegriff des Warmen und als solches ‚weiblich', im Deutschen aber sächlich (wie das *Meer)*? Und was machen wir dann mit der spanischen Sonne (*el sol)*? Ist ‚*der'* Sonne so heiß, dass es manchmal schon weh tut? Oder: Warum wird ‚*das Meer*' plötzlich ‚weiblich', wenn wir es, wie im Norden üblich, ‚*die See*' nennen?

Sprachenwechsel und Sprachmischung

Wer mehrsprachig ist, also mehrere Sprachen beherrscht, muss vermutlich nicht ständig zwischen verschiedenen ‚Weltbildern' hin und her springen, aber muss er nicht ständig aufpassen, seine beiden Sprachen nicht zu verwechseln oder zu ‚vermischen'?

Tatsächlich haben Zwei- oder Mehrsprachige damit nur selten Probleme. Wir haben beim Erlernen *zweier Fremd*sprachen vielleicht die Erfahrung gemacht, dass einem bei der Suche nach Worten manchmal ein Wort aus einer anderen Fremdsprache einfällt, die man in etwa auf gleichem Niveau beherrscht. So ging es mir in Spanien gelegentlich so, dass mir anstelle der spanischen entsprechende polnische Wörter einfielen. - Es kommt aber wohl genauso oft vor, dass man Wörter aus Sprachen verwechselt, die relativ ähnlich zu sein scheinen, etwa weil sie zur gleichen Sprachfamilie gehören: So kann man schon mal spanisch *leche* und italienisch *latte* verwechseln. Dann bestellen Sie in Italien fälschlicherweise einen *café con leche* (= span.) anstatt (auch noch ohne *con*) einfach einen *caffè latte* (was aber kein *Cappuccino* ist!).

Gelegentlich muss man wohl einfach ‚austesten', mit welcher Sprache man seine kommunikativen Ziele am besten erreicht. Dies gilt für die *innere Mehrsprachigkeit*, wo man sich durchaus fragen sollte, wann es beispielsweise angemessen ist, Dialekt zu sprechen, wie für die *äußere Mehrsprachigkeit:* Soll ich es in Spanien lieber mit Deutsch oder besser mit Englisch versuchen? Als ich eine auf Deutsch geschriebene e-mail wegen einer Terminabsprache nach Portugal schickte, bekam ich schnell Antwort: „Please, write in English or French." Nicht in Portugiesisch? Wenn ich das gekonnt hätte, hätte ich wohl gleich in der vermuteten Muttersprache des Empfängers, also in Portugiesisch, geschrieben. Immerhin – was in Portugal nicht ungewöhnlich ist – hatte ich die Wahl zwischen Englisch und Französisch, so als entwickle sich hier tatsächlich die Idee einer europäischen Mehrsprachigkeit jenseits einer einzigen allgemeinen Verständigungssprache (*lingua franca*) Englisch.

Was hat es ihm genützt?

Wie frustriert mag der offensichtlich bemüht mehrsprachige Tourist gewesen sein, den ich in München zwar nicht wirklich getroffen habe, von dem aber ein kleiner Witz erzählt. (Na, ja, im Grunde erzählt der Witz eher von zwei typischen Bayern.)

Auf dem Weg zum Münchener Hauptbahnhof fragt ein ausländischer Tourist zwei Bayern, die in einem Biergarten sitzen, nach dem Weg zum Hauptbahnhof. Zunächst versucht er es auf Englisch, in der Hoffnung, das werde auch in Deutschland jeder verstehen: „Please, could you tell me ... " Die beiden Bayern schauen sich fragend an, zucken mit den Achseln. Dann versucht er es mit den paar Worten Deutsch, die er sich angeeignet hat: "Please, Verzeihung, Sie können mir sagen vielleicht ... "

Die beiden Biergartenbesucher nehmen einen kräftigen Schluck Weizenbier und schauen sich wieder vielsagend an. Aber sie bleiben ‚stumm'. Unser Tourist blickt ein wenig ungeduldig auf seine Uhr. Noch einmal kann er es versuchen. Vielleicht auf Französisch: „S'il vous plait, messieurs ... ". Keine Reaktion. Vielleicht auf Spanisch? „Por favor, ... ", und dann fällt ihm auch noch Polnisch und Italienisch ein. Aber unsere beiden

Bayern rühren sich nicht. Die erbetene Auskunft bleibt aus, in welcher Sprache auch immer unser Tourist es versucht.

Schließlich gibt er auf, besinnt sich auf den Stadtplan in seiner Tasche und läuft wortlos und ein wenig verärgert in Richtung Hauptbahnhof. – Kaum ist er zehn Meter entfernt, werden die beiden Bayern gesprächig. Sagt der eine anerkennend: „Der konnte aber viele Sprachen...". „Joa mei", erwidert der andere, „und was hat es ihm genützt?"

Wir wissen nicht, warum die beiden Biergartenbesucher unseren mustergültigen Touristen derart haben ‚auflaufen' lassen. Einerseits waren sie vielleicht voller Anerkennung für den überraschend hohen Grad an Fremdsprachenkenntnissen, den der Tourist offensichtlich hatte, andererseits wollten sie vielleicht gerade schweigend ihr Weißbier genießen oder hatten aus irgendeinem Grund einfach keine Lust, sich auf das schwierige Geschäft interkultureller Kommunikation einzulassen.

Aber was hätte unser Tourist denn tun können? Er hat in der Frage der kommunikativ angemessenen Sprachenwahl wirklich alles ‚ausgetestet'. Hätte unser Tourist vielleicht Bairisch sprechen müssen, um in München kommunikativ erfolgreich zu sein? Sicherlich nicht. Im nächsten Biergarten wird er gewiss gesprächigere Münchener gefunden haben...

Was uns interessiert, ist die Frage nach dem Nutzen einer Sprache und eben auch nach dem Nutzen, den es hat, möglichst viele Sprachen zu beherrschen. Für das kommunikative Scheitern in unserem kleinen Bayern-Witz ist sicherlich nicht die Sprachenkenntnis unseres Touristen verantwortlich. - Waren die Bayern dafür verantwortlich? Gibt es für den waschechten Bayern wirklich nur *eine* Sprache bzw. Varietät, die er versteht bzw. verstehen will, nämlich Bairisch? Ist der Witz dann vielleicht sogar ein Plädoyer für Einsprachigkeit bzw. für das Verharren in der jeweils angestammten Varietät? Wohl kaum. Aber machen wir den Witz nicht kaputt. Er soll ruhig ‚vieldeutig' bleiben. Vielleicht ist er ja auch ein Hinweis darauf, dass Mehrsprachigkeit nur dann kommunikativ erfolgreich sein kann, wenn beide Partner sich darauf einlassen und nicht einer darauf besteht, dass ausschließlich die ihm vertraute Varietät gesprochen wird.

Es kommt durchaus vor, dass auch bei einem kompetent mehrsprachigen Sprecher Elemente der einen Sprache mehr oder weniger unbewusst in die andere Sprache ‚transponiert' werden, wie wir es im Rumäniendeutschen gesehen haben. Wenn dies viele Sprecher in ähnlicher Weise tun, könnte dies tatsächlich dazu führen, dass sich ‚Mischsprachen' bilden. Dies wäre jedoch ein völlig normaler Prozess, in dem neuartige kognitive und kommunikative Ressourcen entwickelt werden, über die die Sprecher dann insgesamt verfügen können. Die Vorstellung, eine Sprache „rein" erhalten zu wollen, ist ohnehin abwegig. Jede Sprache hat sich im Laufe ihrer geschichtlichen Entwicklung mit anderen Sprachen ‚vermischt' und sich auf diese Weise gerade so weiter entwickelt, wie es den kommunikativen Bedürfnissen der Sprecher jeweils entsprochen hat.

Ein Beispiel für eine solche Sprachentwicklung sind die im Deutschen wie auch in anderen Sprachen zahlreichen Entlehnungen (‚Fremdwörter') aus anderen Sprachen. So sind aus bestimmten kognitiven, kommunikativen oder sozialen bzw. sozialpsychologischen Gründen immer wieder Wörter aus anderen Sprachen übernommen worden und dann, wenn sie der nächsten Generation überflüssig erscheinen, auch wieder verschwunden. Oder sie sind tatsächlich nach und nach, wie z.B. viele lateinische Wörter aus dem Bauwesen (z.B. *Fenster, Mauer*), Bestandteil des deutschen Wortschatzes geworden.

Es mag sein, dass an solchen Prozessen der ‚Sprachentwicklung', an der Übernahme von Wörtern und Strukturen aus anderen Sprachen (Entlehnungen), mehrsprachige Sprecher tatsächlich einen besonderen Anteil haben, weil für sie weder die eine noch die andere Sprache ‚fremd' ist. Sie haben spezielle Kompetenzen im kommunikativ jeweils angemessenen Einsatz zweier Sprachen ausgebildet. Im souveränen Gebrauch des *‚code mixing'* wie des *‚code switching',* der Sprachmischung wie des Sprachwechsels, entfaltet sich eine bilinguale kommunikative Kompetenz, die in besonderer Weise dem gegenseitigen Verstehen in einer von (sprachlicher) Heterogeniät geprägten multikulturellen europäischen Gesellschaft gerecht zu werden vermag.

Eine Sprache – Viele Sprachen

Aus der Mehrsprachigkeit der Sprecher ergibt sich jedoch in der Regel nicht wirklich eine ‚Mischsprache', sondern einfach eine komplexer gewordene Sprache, die mehrere Sprachen bzw. Subsprachen, regionale, soziale und funktionale Varietäten einschließt, derer sich die Sprecher entsprechend ihren kognitiven und kommunikativen, wirtschaftlichen und kulturellen Bedürfnissen bedienen können.

Wo die eigene Kultur und Sprache sozusagen nicht hinreicht, erweitern wir sie durch ‚Anleihen' aus anderen Kulturen und Sprachen. Dies kann man historisch etwa in vielen Lebensbereichen erkennen, die durch die *römische Kultur* geprägt worden sind, wie z.B. im Hausbau, im Obst-, Gemüse- und Weinbau oder im Münz- und Verkehrswesen. Unzählige Wörter, die uns heute wie alte deutsche Wörter erscheinen, sind Bezeichnungen lateinischer Herkunft; angefangen bei *Mauer, Fenster, Ziegel* (aus *murus, fenestra, tegula*) über *Wein* und *Most* (aus *vinum* und *mustum)* bis *Pflaume* oder *Pfeffer* (aus *prunum* und *piper)* und schließlich zur *Münze* (aus *moneta)* und zum *Zöllner* (aus *tolonarius*).

Demnach ist Mehrsprachigkeit nicht erst seit ein paar Jahrhunderten anzutreffen, sie ist vielmehr ein allgegenwärtiges Phänomen, auf das wir bereits im Mittelalter stoßen. Bereits im 8. Jahrhundert war Mehrsprachigkeit in vielen Lebensbereichen präsent und wirksam, insbesondere in differenzierten kommunikativen und kognitiven Funktionen, die auf der einen Seite das Lateinische und auf der anderen Seite die verschiedenen Volkssprachen bzw. das Deutsche erfüllt haben (s. hierzu ausführlich den Band *Sprachwissen 1*, Kap.2).

Mehrsprachigkeit als der Normalfall

Aber nicht nur historisch, sondern auch spracherwerbstheoretisch betrachtet, zeigt sich, dass Mehrsprachigkeit grundsätzlich kein Problem darstellt, sondern als ein immer weiter verbreitetes Phänomen sozusagen den Normalfall darstellt. Die ‚Plastizität' des Gehirns des Neugeborenen ermöglicht es dem Kind, im Prinzip jede der rund 7000 menschlichen Sprachen zu erwerben. Ebenso ist es dem Kind möglich, zwei oder sogar mehrere Sprachen gleichzeitig oder zeitlich versetzt zu erwerben.

Auch in der aktuellen Mehrsprachigkeitsforschung wird daher immer mehr dafür plädiert, Mehrsprachigkeit (*Bilingualität*) als den Normalfall zu betrachten, während Einsprachigkeit (*Monolingualität*) in naher Zukunft eher der Ausnahmefall sein dürfte. Wie weit man dies für den deutschsprachigen Raum wirklich behaupten kann, hängt natürlich auch davon ab, bei welchem Grad der Beherrschung einer zweiten Sprache wir von Zweisprachigkeit sprechen wollen und auch davon, ob wir die Beherrschung einer dialektalen Varietät und der Standardsprache (*Diglossie*) als Mehrsprachigkeit betrachten wollen.

Sicherlich verfügt zumindest in den jüngeren Generationen fast jeder Sprecher des Deutschen über zumindest rudimentäre Englischkenntnisse. Aber kann man diese Sprecher wirklich schon als ‚zweisprachig' bezeichnen, wenn es sich um eine ‚basale' Beherrschung einer Fremdsprache (wie etwa ‚*basic English*') handelt, die wir sicherlich nicht mit der ganz anderen, oft wirklich beeindruckenden Art von Zweisprachigkeit von Migrantenkindern vergleichen können. Diese beherrschen neben ihrer jeweiligen Muttersprache das Deutsche als Zweitsprache in der Regel auf einem annähernd muttersprachlichen Niveau. Dabei kommt es allerdings immer häufiger vor, dass die ‚Haussprache', die ursprüngliche Muttersprache der immigrierten Familie, von den im deutschsprachigen sozialen Umfeld aufwachsenden und in deutschen Schulen sozialisierten Kindern gelegentlich sogar schlechter beherrscht wird als die Zweitsprache Deutsch. Dies hat zur Konsequenz, dass letztlich nur noch schwer entscheidbar ist, welche Sprache als Muttersprache und welche als Zweitsprache gelten soll.

‚Doppelte Halbsprachigkeit'?

Kritiker der (frühen) Mehrsprachigkeit wenden ein, es käme oft nicht zu einer wirklichen Zweisprachigkeit, sondern eher zu einer ‚doppelten Halbsprachigkeit'. Sie befürchten, dass mehrsprachig aufgewachsene Kinder keine der beiden Sprachen ‚richtig' beherrschen. Tatsächlich hat sich gezeigt, dass etwa zweisprachig türkisch-deutsch aufgewachsene Kinder gelegentlich besondere Probleme beim Schriftspracherwerb zu Beginn der schulischen Sozialisation haben. Ob sich diese Beobachtungen verallgemeinern lassen, ist jedoch längst nicht nachgewiesen, denn andererseits weisen Untersuchungen an zweisprachigen Kindern darauf hin, dass diese über eine höhere ‚Sprachsensibilität' verfügen und daher etwa im Deutschunterricht einen leichteren Zugang zur ‚Reflexion über Sprache' finden.

In der Regel wird jedoch eine der erworbenen Sprachen irgendwann zur sog. *‚starken Sprache'* und dominiert als solche dann gewissermaßen die jeweils andere Sprache. Wenn eine der beiden Sprachen kommunikativ weniger relevant ist, verharrt die entsprechende Teilkompetenz für diese Sprache auf einem letztlich niedrigeren Niveau oder sinkt auf ein niedrigeres Niveau ab; ein Phänomen, das die Fremdsprachdidaktiker als *‚Fossilisierung'* bezeichnen.

Zweitsprache und Fremdsprache

Im engeren Sinn spricht man von *‚Zweisprachigkeit'*, wenn ein Kind zwei Sprachen praktisch gleichzeitig (simultan) erworben hat, so dass man letztlich kaum mehr unterscheiden kann, welches seine ‚Muttersprache' und welches die ‚Zweitsprache' ist.

Dies ist beispielsweise der Fall, wenn ein Kind in einer sprachlich ‚gemischten' Familie aufwächst (der Vater hat vielleicht Deutsch als Muttersprache, die Mutter Italienisch): Dann hat das Kind prinzipiell die Möglichkeit, gleichzeitig die Sprache des Vaters wie die Sprache der Mutter lernen, auch wenn sich die Eltern oft entscheiden, mit dem Kind zunächst konsequent in einer der beiden Sprachen zu kommunizieren und sich auch in der Kommunikation untereinander auf eine Sprache einigen, so dass eine der beiden Sprachen gewissermaßen von vornherein die ‚stärkere' ist.

Trifft das Kind dann außerhalb des Elternhauses auf eine andere Sprache, z.B. auf Deutsch, während zuhause Italienisch gesprochen wird, erwirbt es diese ‚Umgebungssprache' als ‚*Zweitsprache*'. Es handelt sich für das Kind dabei nicht um eine (beliebige) Fremdsprache, die es nur in ganz bestimmten Situationen anwenden kann, sondern um eine Sprache, die den gesamten kommunikativen Kontakt (außerhalb der Familie), im Grunde sein gesamtes Leben in diesem Land prägt. In einer solchen Spracherwerbs- und Sprachverwendungssituation sprechen wir nicht von einer Fremdsprache, sondern wie gesagt, von einer Zweitsprache, zumal der *Erwerb*, abgesehen von einer gewissen institutionellen Einflussnahme durch die Schule, größtenteils *ungesteuert*, also gewissermaßen ‚*natürlich*' erfolgt.

Die übliche Vorstellung vom *Fremdsprachenerwerb*, der mit dem Beherrschen der betreffenden Fremdsprache als zweiter Sprache neben der Muttersprache im Ergebnis ebenfalls zu einer Zwei- oder Mehrsprachigkeit führt, ist dagegen die, dass die Fremdsprache in der Regel nicht in dem jeweiligen Land in einem quasi muttersprachlichen Kontext *erworben*, sondern im ‚Ausland' in der Schule oder in Sprachlehrinstitutionen, in denen ‚Deutsch als Fremdsprache' (DaF) unterrichtet und somit wird, ‚gesteuert' *erlernt* wird.

Blicken wir über Deutschland hinaus, so sehen wir, dass tatsächlich mehr als zwei Drittel der Weltbevölkerung mehrsprachig sind, gleichgültig ob die Menschen eine zweite Sprache quasi muttersprachlich erworben oder als Fremdsprache erlernt haben. In Indien und Afrika ist sogar die Beherrschung von mehr als zwei Sprachen die Regel. Und auch unsere zunächst vermeintlich einsprachigen Kinder verfügen bereits über komplexe Register mit mehreren Varietäten; sie werden also im Sinn des Begriffs der ‚inneren Mehrsprachigkeit' spätestens dann ‚mehrsprachig', wenn sie in der Schule mit der Standard- bzw. Schriftsprache konfrontiert werden.

Erwerb von Zweisprachigkeit

Die traditionelle Vorstellung ist sicherlich die, dass Kinder zunächst ihre Muttersprache (so kompetent wie eben möglich) erwerben, um dann beim Eintritt in eine weiterführende Schule mit dem schulischen, ‚gesteuerten' Erlernen einer ersten Fremdsprache zu beginnen, sei es (wie früher im altsprachlichen Zweig der Gymnasien üblich) mit Latein oder (im neusprachlichen Zweig) in der Regel mit Englisch. Im Alter von 12-14 Jahren kam dann eine zweite Fremdsprache hinzu, im neusprachlichen Zweig in der Regel Französisch.

Was die modernen Fremdsprachen angeht, ist wohl die Sprachenfolge Englisch – Französisch nach wie vor die am weitesten verbreitete, obwohl manche Schulen auch mit Französisch beginnen (z.B. im Grenzgebiet zu Frankreich). Im jeweiligen Grenzgebiet kann man heute freilich auch Niederländisch (z.B. in Aachen), Polnisch (z.B. in Frankfurt/Oder) und sicherlich auch Tschechisch lernen. Mit einer eher globalen Orientierung bietet eine Reihe von Gymnasien (z.B. in Baden-Württemberg) sogar Japanisch oder Chinesisch an. Und schließlich existiert inzwischen eine ganze Reihe von *bilingualen Schulen*, in denen große Teile des Sach-Fachunterrichts in einer Fremdsprache unterrichtet werden.

Der richtige Zeitpunkt

Obwohl die Prozesse der kognitiven und neuronalen *Verarbeitung von mehreren Sprachen* auch heute noch nicht ausreichend erforscht sind, scheint in einer Reihe grundlegender Fragen zum L2-Erwerb doch weitgehend Einigkeit zu bestehen.

Gleichgültig welche Sprache wir erwerben bzw. erlernen wollen, *je jünger* wir sind, *desto leichter* dürfte es uns zu fallen, zwei Sprachen gleichzeitig zu erwerben. Wenn nicht aus irgendeinem Grund mit dem Erlernen einer Fremdsprache erst im Jugendlichen- oder Erwachsenenalter begonnen werden kann, dann sollte man mit dem spielerischen Erlernen einer ersten Fremdsprache möglichst schon im Kindergartenalter beginnen. Für den Bereich der Grundschule sind in Deutschland bereits Konzepte des frühen Fremdsprachenlernens (in der Regel für Englisch oder Französisch) entwickelt worden und die Studierenden der Grundschulpädagogik erhalten, gleichgültig welche Fächer sie studieren, immer auch eine grundlegende Ausbildung für den frühen Fremdsprachenunterricht (wobei sie sich in der Regel eher für Englisch als für Französisch entscheiden).

Kritische Altersschwellen

Spätestens seit Mitte der 1960-er Jahre weiß man, dass es in der Sprachentwicklung des Kindes eine besonders sensible Phase gibt, in der der Zweitspracherwerb noch ähnlich wie der Erwerb der Muttersprache mehr oder weniger spontan verlaufen kann. Wurde zunächst die Pubertät als Grenzlinie angesehen (Lenneberg 1967), so zeigen neuere Forschungen, dass der Erwerb bzw. das Erlernen einer Fremdsprache bereits ab dem 6. - 7. Lebensjahr schwieriger zu werden scheint; zumindest verläuft er in der Regel nicht mehr so problemlos spontan wie der Erwerb der Muttersprache. So kommt es bereits ab dem Schuleintrittsalter beim Zweitsprachenerwerb zu Einschränkungen, so dass offenbar nicht mehr die vollen, quasi muttersprachlichen lexikalischen und grammatischen Kompetenzen ausgebildet werden.

Im Hinblick auf die Entwicklung neuronaler Strukturen und Prozesse beim Kind wird neuerdings sogar schon das dritte Lebensjahr als kritische Schwelle für einen quasi muttersprachlichen Zweitspracherwerb betrachtet. Denn Kinder bis zu einem Alter von drei Jahren verarbeiten zwei Sprachen, denen sie gleichermaßen ‚ausgesetzt' sind, noch in einem einzigen ‚neuronalen Netz' und integrieren auch alle weiteren Sprachen in dieses eine Netz. Jenseits des dritten Lebensjahres bilden sie jedoch eigenständige neuronale Netze für verschiedene Sprachen aus, die zwar ineinander greifen, zum Teil jedoch tatsächlich in unterschiedlichen Regionen des Gehirns angelegt sind.

Entsprechend zeigt sich auch beim ‚Sprachverlust' (*Aphasie*), etwa verursacht durch Hirnläsionen oder Altersdemenz, dass eine durchgängig ‚automatisierte' Sprache, die bereits in einem frühen Lebensalter erworben wurde, langsamer verloren geht als eine später erworbene. In Untersuchungen in Alten- und Pflegeheimen zeigte sich beispielsweise, dass ehemalige ‚Gastarbeiter', die Deutsch als Zweitsprache erst mit der Migration im Erwachsenenalter erworben hatten, ihre Zweitsprache deutlich schneller ‚verlernten' als ihre jeweilige Muttersprache.

Jenseits des Schuleintrittsalters oder spätestens nach der Pubertät ist demnach ein quasi muttersprachlicher Erwerb einer zweiten Sprache nicht mehr möglich und so kostet es uns wohl, je älter wir werden, immer mehr Mühe, eine weitere Sprache zu erlernen. Wenn wir das kritische Alter hinter uns gelassen haben, müssen wir uns um das Erlernen weiterer Sprachen also intensiver bemühen.

Aber für die erwachsenen Fremdsprachenlerner gibt es auch einen kleinen Trost: Während die Jüngeren offensichtlich leichter Vokabeln lernen, fällt es den Älteren leichter, sich die grammatischen Strukturen einer fremden Sprache anzueignen. Dies hat vermutlich damit zu tun, dass Erwachsene beim Erlernen der grammatischen Strukturen einer Fremdsprache bewusster auf schulgrammatische Kenntnisse in der Muttersprache zurückgreifen können und somit nicht isoliert wie beim Vokabellernen, sondern kontrastiv, also *sprachvergleichend* lernen.

Mehrsprachige Individuen - vielsprachige Gesellschaften

Wenn wir uns mit der Mehrsprachigkeit beschäftigen, geht es aber nicht nur um *mehrsprachige Individuen*, also um *individuelle Mehrsprachigkeit*, sondern auch um eine Art *kollektiver, gesellschaftlicher Mehrsprachigkeit*, also um *vielsprachige Gesellschaften*, in denen der Gebrauch verschiedener Nationalsprachen oder auch nur verschiedener Varietäten einer Sprache in der gesamtgesellschaftlichen Kommunikation institutionell wie individuell jeweils angemessen zu bewältigen ist.

Könnte die Idee sprachlicher Verständigung in einem vielsprachigen Staatengebilde wie Europa nicht irgendwann problematisch werden, wenn nicht gar an der Mehrsprachigkeit scheitern? – Gewiss mag es das eine oder andere, in der Regel eher sprachpolitische Problem geben, aber die Kommunikation wird kaum zusammenbrechen, solange wir die jeweils andere Sprachen genauso wertschätzen wie unsere eigene. Und genau dies scheint eine Art unausgesprochene sprachpolitische Maxime der Europäischen Union zu sein.

Von der ‚inneren' zur ‚äußeren' Mehrsprachigkeit

Wo immer Menschen verschiedener Muttersprache zusammen leben und arbeiten, gilt es, die involvierten Sprachen in ihren unterschiedlichen emotionalen, kognitiven und kommunikativen Funktionen ebenso zu respektieren, wie es gilt, jedem Menschen nicht nur das Recht auf seine je eigene Sprache, sondern ebenso sein „*Recht auf Zweisprachigkeit*" zuzugestehen, gleichgültig um welche Sprachen oder Varietäten es sich handelt.

Kein Hamburger wird auf die Idee kommen, dass ein Münchener in Hamburg seinen bayrischen ‚Akzent' ablegen müsste, und umgekehrt wird auch kein Münchener auf die Idee kommen, von einem Hamburger zu verlangen, er müsse seinen norddeutschen ‚Akzent' ablegen, um mit ihm angemessen (vielleicht sogar auf Bairisch) kommunizieren zu können. Durch ‚Akzente' wird die Kommunikation in der Regel nicht beeinträchtigt, obwohl ein relativ ‚tiefer' Dialekt gelegentlich durchaus zu Verständigungsproblemen führen kann. Wie dem auch sei: Wir alle reden Deutsch, aber es ist eben nicht immer das gleiche Deutsch und genau damit beginnt unsere tendenzielle (zunächst innere) Mehrsprachigkeit.

Sicherlich müssen wir uns alle, insbesondere wenn wir Deutsch als Fremd- oder Zweitsprache gelernt haben, ein wenig darum bemühen, dass unsere Verständigung erfolgreich ist. Erst wenn diese in einer der Sprachen der beiden Partner nicht gelingt, sollten wir nach einer Drittsprache als Kommunikationsmedium Ausschau halten, die beide Partner verwenden können, weil sie sie als Fremdsprache gelernt haben. Überall dort, wo verschiedene Sprachen und Varietäten miteinander in Kontakt kommen, werden sie sich aber auch verändern. So bilden sich etwa jenseits der ‚tiefen' Dialekte immer mehr überregionale *Ausgleichsdialekte,* wie beispielsweise die *Stadtsprachen,* heraus.

Selbst zwischen benachbarten Nationalsprachen finden sich gelegentlich ‚Ausgleichssprachen', Mischsprachen oder ‚Brückensprachen'. So weisen Romanisten etwa dem *Katalanischen* die Rolle einer *Brückensprache* zu, die eine Mittelstellung einnimmt zwischen dem galloromanischen Französischen und den iberoromanischen Sprachen (kastilisches Spanisch und Portugiesisch).

Auf der Lieblingsferieninsel der Deutschen allerdings, auf Mallorca, finden wir dann wiederum eine spezifisch mallorquinische Ausprägung des Katalanischen, das *mallorquín.* Vielleicht wird es hier irgendwann eine ganz andere Art von Mischsprache geben, die dann aber neben katalanisch-mallorquinischen und kastilischen Elementen vielleicht auch immer mehr deutsche Elemente integriert. Derzeit scheint es mir so, als hätte man auf Mallorca das *mallorquín* gerade wieder entdeckt und als seien ‚Vorbehalte' gegen das kastilische Spanisch vielleicht größer als gegen die Fremd- bzw. Touristensprache ‚Deutsch'.

Mehrsprachigkeit in Europa

Überall in Europa (und in der Welt) treffen wir auf Staaten, die in der einen oder anderen Form vielsprachig sind; nicht nur, wenn wir, wie in Deutschland, an unterschiedlich ausgeprägte Varietäten einer Nationalsprache (Mundarten etc.) denken, sondern tatsächlich in dem Sinn, dass es sich um eigene Sprachen, also nicht (nur) um Dialekte, handelt, auch wenn nicht immer leicht zu entscheiden ist, was ein Dialekt und was eine Sprache ist. Ist z.B. das *Elsässische* eine Sprache oder ein Dialekt? Und wie sieht es mit dem Luxemburger Deutsch, dem sog. *Letzeburgisch* aus? Ist *Galicisch* im Nordwesten Spaniens oder *Friaulisch* im nordöstlichen Italien oder *Friesisch* im Nordwesten Deutschlands eine eigene Sprache?

Wir wollen zunächst diejenigen Länder betrachten, in denen wir Deutsch als an der Mehrsprachigkeit beteiligte Sprache vorfinden. Dabei finden wir oft nur relativ kleine deutschsprachige Minderheiten, wie die nordschleswigsche Minderheit in *Süddänemark* mit etwa 20.000 Deutschsprachigen oder die *ostbelgische* mit gut 100.000 Deutschsprachigen. Gleichwohl wurde in Belgien mit den Sprachgesetzen von 1963 ein *„deutschsprachiges Gebiet"* anerkannt, das zunächst 18 Gemeinden des (französischsprachigen) Kantons Verviers umfasste. Seit 1971 ist Deutsch im deutschsprachigen Gebiet, das jetzt die Kantone Eupen, St. Vith, sowie Teile des Kantons Malmedy und eine Gemeinde des Kantons Aubel (Kelmis/La Calamine an der Grenze zu Aachen) umfasst, *offizielle Amtssprache* und damit eine der drei Amtssprachen Belgiens.

Aber nicht nur aufgrund des relativ kleinen deutschsprachigen Gebiets in Ostbelgien ist Belgien mehrsprachig. Die Mehrsprachigkeit beruht in erster Linie auf den Sprachen *Französisch* und *Flämisch* (Niederländisch), die im wallonischen bzw. flämischen Teil Belgien gesprochen werden und die Belgien insgesamt zu einem mehrsprachigen Staatsgebilde machen, in dem der ‚*Sprachenstreit*' in der Vergangenheit mit teilweise gewalttätigen Auseinandersetzungen Schlagzeilen gemacht hat.

Die drei Amtssprachen sind zwar jeweils bestimmten Regionen zugeordnet, dem wallonischen Gebiet die französische, dem flämischen die niederländische und dem deutschen die deutsche Sprache, die Hauptstadt Brüssel/ Brussels/ Bruxelles ist jedoch eine echte mehrsprachige Region, in der alle drei Amtssprachen, an erster Stelle wohl das Französische neben dem Flämischen und dem in der öffentlichen Kommunikation hier eher am Rande stehenden Deutschen, vertreten sind. Insgesamt stellt Belgien also eine *dreisprachige* Nation dar.

Die Schweiz

Nicht nur dreisprachig, sondern offiziell *viersprachig* ist die Schweizerische Eidgenossenschaft mit der deutschsprachigen, der französischsprachigen und der italienischsprachigen Schweiz. Tatsächlich gibt es auf dem Staatsgebiet der Schweiz aber noch eine vierte Sprache, das *Rätoromanische* (auch: ‚Bündnerromanisch' genannt), das in Teilen Graubündens gesprochen wird. Entsprechend heißt die Eidgenossenschaft je nach Wahl der Sprache einmal *Schweiz* (dt.), dann *Suisse* (frz.), dann *Svizzera* (ital.) und schließlich *Svizzra* (rätorom.). Knapp 64% der Schweizer sind deutschsprachig, etwa 20% französischsprachig, knapp 8% italienischsprachig und nur 0,6% sprechen Rätoromanisch; das sind weniger als die Sprecher weiterer Sprachen, die insgesamt fast 9% ausmachen.

Ähnlich wie in Belgien werden die verschiedenen Sprachen im Prinzip in jeweils einem geographischen Gebiet der Schweiz gesprochen (territorial gebundene Sprachen): Deutsch in der

Zentralschweiz (Zürich), Französisch im Jura und im Unterwallis (Genf/ Genève; Lausanne), Italienisch vor allem im Tessin/ Ticino (Lugano), Rätoromanisch in Teilen Graubündens im Südosten der Schweiz, in den Randtälern Graubündens allerdings auch wieder Italienisch.

Wie schon erwähnt, ist es ganz natürlich, dass in den verschiedenen Sprachregionen in bestimmten Situationen auch eine andere der drei Landessprachen gesprochen werden kann, je nach den kommunikativen Bedürfnissen. Ebenso können natürlich auch anderssprachige Gruppen in einem Landesteil leben, in dem primär eine andere der drei Landessprachen gesprochen wird. So trafen wir beispielsweise in Abano Terme (bei Padua) eine Gruppe Züricher, die italienisch sprachen, aber mit meiner Frage, ob Zürich denn nicht deutschsprachig sei, wenig anzufangen wussten. Sie fühlten sich genauso als Züricher wie die Deutschsprachigen, ein möglicher Sprachenkonflikt oder die Bindung der Zürcher Identität an eine bestimmte Sprache kam ihnen, wie mir schien, nicht in den Sinn.

Andererseits berichtete mir ein ehemaliger Kollege, der vor vielen Jahren eine Professur für Germanistik in Zürich angenommen hatte und nach seiner Pensionierung im zweisprachigen Südtirol (Meran/ Merano) weiter arbeitete und den ich im zufällig am Institut für Germanistik der Università di Pisa wieder traf, dass die Unterrichtssprache an der Universität Zürich zwar Deutsch gewesen sei, man aber in den Sitzungen des Fakultätsrates Französisch gesprochen habe.

Die Zuweisung verschiedener Landessprachen zu jeweils einem Landesteil ist letztlich immer eine Idealisierung. Im praktischen kommunikativen Verkehr wird wohl je nach Situation entschieden, welche Sprache für eine gelingende Kommunikation jeweils gewählt werden muss, gleichgültig in welchem Landesteil wir uns befinden. Für den durchschnittlichen Schweizer stellt dies im Allgemeinen kein Problem dar, denn er ist in der Regel mindestens zwei-, wenn nicht dreisprachig und kann sich somit auch in den anderssprachigen Landesteilen verständigen. Dies ist allerdings nicht das Ergebnis einer zweisprachigen Erziehung von Anfang an, sondern der Erfolg gezielten Fremdsprachenunterrichts, der in den verschiedenen Landesteilen jeweils auf den Erwerb mindestens einer Sprache der anderssprachigen Landesteile ausgerichtet ist.

Schließlich ist in der Schweiz im Zuge der Ratifizierung der Europäischen Sprachencharta 1997 noch eine weitere *„territorial nicht gebundene*" Sprache anerkannt worden, eine Varietät des Deutschen, das *Jenische*, die *„Sprache der Fahrenden*".

Mehrsprachigkeit in Frankreich

Frankreich stellt man sich aufgrund der zentralistischen Organisationsform vielleicht eher als eine einsprachige Nation vor, in der man sich nicht nur wirtschaftlich-ökonomisch, politisch und kulturell, sondern auch sprachlich an Paris orientiert. Tatsächlich ist Paris für das, was als modernes Französisch gilt, tonangebend. So gehen etwa Veränderungen in der Aussprache fast immer von Paris aus, wie beispielsweise eine gewisse Angleichung der verschiedenen Nasallaute.

Blicken wir in die deutsch-französischen Grenzgebiete, so stoßen wir dort zwar auch auf Varietäten des Deutschen, wie beispielsweise in Lothringen oder im Elsass, diese Dialekte (oder Sprachen?) haben jedoch keinen vergleichbaren Status als offizielle Amtssprache wie z.B. das Deutsche in Belgien oder in der Schweiz.

Ein Blick in die Geschichte fördert hinsichtlich der dominierenden Rolle des Französischen Verwunderliches zu Tage: Ein Abbé Grégoire, der 1789 von der Konstituierenden Nationalversammlung in Paris beauftragt wurde, den sprachlichen Zustand Frankreichs zu erheben, legte 1794 einen Bericht vor, demzufolge eine Mehrheit der Franzosen kein Wort Französisch verstehe, es fänden sich vielmehr an die dreißig verschiedene Dialekte (*patois*). Das Französische als die ‚Sprache der Freiheit' musste demnach gegen derartige ‚Bauernmundarten' im Namen einer einheitlichen Nation erst noch durchgesetzt werden.

Dies wurde zur zentralen Missionen der Schullehrer Frankreichs, die schließlich mit Erlass der Schulgesetze (1881-1884) in der III. Republik zu dem zweifelhaften Erfolg führte, dass, wie M. Wandruszka 1979 schreibt,

in keinem Land Europas die Mundarten so weit von der Einheitssprache zurückgedrängt und abgewertet worden (sind) wie in Frankreich. In vielen Gegenden sind sie so gut wie erloschen, was bleibt ist allenfalls eine gewisse regionale Färbung der Aussprache und ein paar Dutzend regionaler Wörter und Wendungen." (*Die Mehrsprachigkeit des Menschen*, S. 69).

Schauen wir nach Westen in die Bretagne, so schien das Bretonische tatsächlich eine Zeitlang vom ‚Aussterben' bedroht zu sein. Aber es kam anders: Seit Ende der 60-er Jahre erleben die Mundarten in Frankreich, ähnlich wie auch in Teilen Deutschlands, eine Art (literarische) Renaissance, etwa durch Liedermacher, Theatergruppen und sprachpolitische Aktionen.

Im Süden Frankreichs sieht es sprachgeschichtlich anders aus: Hier finden wir eine ursprünglich eigenständige historische Sprache vor, die *langue d'oc* (das Provenzalische und Okzitanische), eine Sprache, in der *‚ja'* nicht *oui* heißt wie in der *langue d'oil* im Norden, sondern eben *oc* (aus lat. *hoc ille*). Und wenn wir von der Provence oder von Montpellier aus weiter nach Westen in Richtung Spanien reisen, treffen wir auf das schon erwähnte Katalanische, das sich weiter nach Spanien bis nach Barcelona ausdehnt. Dort steht es dann in einer ähnlichen Konkurrenz zum Kastilischen wie in Frankreich zum Zentralfranzösischen.

Dass es sich beim Provenzalischen nicht um einen Dialekt, ein *Patois*, eine ‚Bauernmundart', handelt, sondern um eine Schrift- bzw. Literatursprache, zeigt sich nach den höfischen Troubadouren im 12. Jahrhundert erneut im 19. Jahrhundert, als das untere Rhone-Tal zwischen Avignon und Arles seine romantische Renaissance mit dem Dichter der Provence, Fréderic

Mistral (1830 – 1914) erlebte. Für sein Epos in zwölf Gesängen „Mirèio“ erhielt Mistral 1904 den Nobelpreis für Literatur:

Cante uno chato de Prouvènco.
Dins lis amour de sa jouvenco,
...
léu la vole segui...

(Ich besinge eine junge Frau aus der Provence./In den Lieben ihrer Jugend/Will ich ihr folgen...)

Deutsch in der autonomen Region Trentino-Südtirol

Deutsch in Italien? Natürlich, in *Südtirol*, in der Gegend um *Bozen* (*Bolzano*) und *Meran (Merano)* spricht man (auch) Deutsch: Man ist zweisprachig im Tiroler *Etschland* (so die amtliche deutsche Bezeichnung von 1948-1972), im *Alto Adige*, in *Bolzano* und *Merano.* Etwa eine viertel Million Menschen in Italien, davon der überwiegende Teil in Südtirol, ist deutschsprachig. Aber auch in Italien stellt sich ebenso wenig wie in Frankreich die Frage, ob Deutsch, wie in der Schweiz und in Belgien landesweit zu einer weiteren Amtssprache werden könnte. In Südtirol muss man heute (als Italienischsprachiger) allerdings spätestens dann zweisprachig sein, wenn man sich um eine Anstellung im öffentlichen Dienst bewirbt.

Der ehemaligen ‚Grafschaft Tirol’ entspricht heute die italienische autonome Provinz Bozen als Teil der autonomen Region *Trentino-Südtirol.* Seit das Gebiet, das bereits im 19. Jahrhundert die heutige Provinz Trient umfasste, 1919 zu Italien kam, wird die Bezeichnung *‚Südtirol’* nur noch für das ursprünglich deutsch besiedelte Gebiet verwendet. Alle strittigen Punkte des Autonomiestatus wurden schließlich völkerrechtlich 1992 geklärt, so dass seitdem der Südtirol-Konflikt als beigelegt gelten kann.

Claus Gatterer erzählt 1969 in seinem Buch *„Schöne Welt – Böse Leut. Kindheit in Südtirol“* noch von angespannten sprachlichen Verhältnissen in den 30-er und 40-er Jahren, als die Tiroler Barmherzigen Schwestern von italienischen Lehrkräften abgelöst wurden, die weder Deutsch noch Tirolerisch verstanden und die Namen der Schüler kaum auszusprechen vermochten. Im Brixener Priesterseminar durfte gar dreimal pro Woche den ganzen Tag nur italienisch geredet werden, *„damit wir uns im Italienischen perfektionieren könnten*“, berichtet Gatterer. Was dabei heraus kam, war aber eher *„ein Kauderwelsch, Volapük für jedes ungeschulte Ohr: ‚schuhputzare' ‚anstrengare', ‚ma è klar', so sprachen wir.*“ (S.264) (*Volapük* ist eine konstruierte künstliche ‚Welthilfssprache' wie das *Esperanto.*)

Doppelte Mehrsprachigkeit

Heute haben sich die Südtiroler, wie M. Wandruszka schon 1979 vermutete, *„in ihrer widerwilligen Zweisprachigkeit alles in allem gut eingerichtet*“; es ist jedoch *„eine in Stadt und Land nach Bevölkerungsschichten und Berufsgruppen und ihren besonderen Erfordernissen sehr unterschiedliche Zweisprachigkeit*“ entstanden, die tatsächlich eine *‚doppelte Mehrsprachigkeit*' ist: *„tirolerisch – hochdeutsch – fremdenverkehrsdeutsch – schulitalienisch – umgangsitalienisch. Ganz zu schweigen von den in verschiedensten Mischverhältnissen dreisprachigen Ladinern Südtirols.*“ (S. 57f.) (Die *Ladiner* sind ladinisch bzw. rätoromanisch sprechende Bewohner in einigen Dolomitentälern Südtirols, wie auch im Kanton Graubünden in der Schweiz).

Gerade in mehrsprachigen Gesellschaften finden sich also offensichtlich immer auch vielfältige Formen individueller Mehrsprachigkeit, mit der die Menschen in den mehrsprachigen Regionen immer unverkrampfter umzugehen lernen, so wie in Südtirol die Deutschen, die Italiener und die Ladiner.

Liechtenstein

Ein kleines Fürstentum, von dem wir wohl weniger wissen als etwa von Monaco oder San Marino, wollen wir an dieser Stelle nicht unerwähnt lassen: *Liechtenstein*, südlich von Bregenz zwischen Österreich und der Schweiz gelegen. Einer meiner Aachener Kollegen hatte einige Jahre, bevor ich ihn in Koblenz wiedertraf, in *Vaduz* Philosophie gelehrt.

Sprachlich gesehen war das keine Herausforderung, denn in der Liechtensteinschen Erbmonarchie ist die offizielle Währung zwar der Schweizer Franken, die (alleinige) *Amtssprache* jedoch ist *Deutsch*. Hier würden wir also allenfalls auf eine innere Mehrsprachigkeit stoßen, wenn wir nach Varietäten des Deutschen suchten, die in der Region um Vaduz von der Bevölkerung tatsächlich gesprochen werden.

Mehrsprachigkeit in Deutschland

Es steht außer Frage, dass in Deutschland im Sinne individueller Mehrsprachigkeit viele verschiedene Sprachen gesprochen werden, nicht nur, wenn wir an die innere Mehrsprachigkeit (Mundart – Standarddeutsch) denken. Tatsächlich traf ich bei der Betreuung eines Praktikums in einer Koblenzer Grundschulklasse auf 11 verschiedene Nationalitäten mit 13 verschiedenen Muttersprachen. Auch wenn einige der Schüler und Schülerinnen gerade erst mit dem Erwerb des Deutschen als Zweitsprache begonnen hatten, werden die meisten von ihnen bei einem längeren oder dauerhaften Aufenthalt in Deutschland im Laufe der Jahre zweifelsohne zwei- oder mehrsprachig sein.

Natürlich muss nicht in jedem Fall von individueller Mehrsprachigkeit in Deutschland eine der beteiligten Sprachen zwangsläufig Deutsch sein. Es wäre durchaus denkbar, dass ein türkisches Kind, das mit seinen Eltern in Deutschland lebt, als Muttersprache Kurdisch und als zweite Sprache Türkisch spricht, jedoch noch nicht Deutsch als Zweitsprache beherrscht. Hier könnte Deutsch die Drittsprache des Kindes werden, wenn nicht eine der bereits grundlegend beherrschten Sprachen mit der Zeit soweit ‚absinkt', fossilisiert, dass wir in dieser Sprache kein ausreichendes Kompetenzniveau mehr vorfinden, um sie mitzuzählen. Dann könnte Deutsch als Zweitsprache an die Stelle der ‚abgesunkenen' Sprache treten.

Neben den Sprachen der ersten Generation von Arbeitsmigranten, die wir seinerzeit ‚*Gastarbeiter*' nannten, Griechisch, Italienisch, Spanisch, Portugiesisch, stoßen wir heute auf zahlreiche weitere Sprachen, insbesondere auf Türkisch, aber auch auf Polnisch und Russisch, also auf die Sprachen deutschstämmiger Übersiedler aus Polen und Russland (‚Wolga-Deutsche' und andere Gruppen), die in den jüngeren Generationen oft nur noch rudimentär Deutsch gelernt haben. Für sie ist Deutsch tatsächlich eine ‚*Großmuttersprache*' (s. Kap. 1).

Daneben finden sich die unterschiedlichsten Sprachen von Flüchtlingen und Asylbewerbern, insbes. Syrisch und Varianten des Arabischen, aber auch die jeweiligen Muttersprachen von ausländischen Fachkräften, die für den deutschen Arbeitsmarkt angeworben worden sind (z.B. aus Indien). In nächster Zeit werden es wohl immer mehr auch die Sprachen von Auszubildenden sein, die aus anderen EU-Ländern, wie etwa Spanien, nach Deutschland kommen, wenn sie aufgrund hoher Jugendarbeitslosigkeitsquoten in ihren Herkunftsländern keinen Ausbildungsplatz bekommen können.

All diese sehr unterschiedlichen Gruppen von Migranten werden neben ihrer jeweiligen Muttersprache, die sie sozusagen ‚mitbringen' Deutsch als Fremd- oder Zweitsprache erwerben, sicherlich nicht immer bis zu einem quasi muttersprachlichen Niveau, aber doch so weit, dass es für die jeweiligen kommunikativen Bedürfnisse in der Ausbildung bzw. im jeweiligen Beruf und für die kommunikative Bewältigung von Alltagssituationen ausreicht.

Fremdsprachenlernen

Umgekehrt werden junge Menschen mit Deutsch als Muttersprache sich immer mehr für das Erlernen einer Fremdsprache interessieren. Wer nicht schon mit dem *‚frühen Fremdsprachenlernen'* in der Vor- und Grundschule begonnen hat, wird in den weiterführenden Schulen mindestens eine Fremdsprache (in der Regel wohl Englisch) erlernen. Darüber hinaus dürfte es jedoch immer häufiger auch zum Erlernen einer weiteren Fremdsprache kommen, sei es Französisch oder einer anderen EU-Sprache. Warum aber nicht auch einmal Russisch oder Chinesisch?

Somit könnte über ein oder zwei Generationen die ‚sprachenpolitische' Grundüberzeugung der EU einlösbar werden, dass jeder EU-Bürger neben seiner Muttersprache (möglichst) zwei weitere EU-Sprachen als Fremdsprachen beherrschen sollte. Auch wenn das Ziel hochgesteckt ist, hat sich doch konsequenterweise neben der Erforschung des Zweitspracherwerbs längst auch eine *Drittsprachenforschung* etabliert, die die spezifischen Erwerbsprozesse einer zweiten Fremdsprache, einer Drittsprache, auf dem Hintergrund von Muttersprache und ersten Fremdsprache thematisiert.

Deutsch als Amts- und Gerichtssprache in Deutschland

Angesichts dieser sprachlichen Vielfalt gerade auch in Deutschland mag die jüngst erhobene Forderung, das Grundgesetz in Art. 22 um die Feststellung zu erweitern: *„Die Sprache der Bundesrepublik ist Deutsch"*, anachronistisch erscheinen. Deutsch als ‚Staatssprache'? Soll dies so verstanden werden, dass alle in Deutschland lebenden und arbeitenden Menschen des Deutschen mächtig sein sollen bzw. dass sie es qua Grundgesetz-Appell schleunigst lernen sollten?

Wenn die Möglichkeiten dazu vorhanden sind, wird dies wohl jeder tun, der es in seinem beruflichen oder auch privaten Umfeld braucht. Sprechen (und verstehen) sollte man, wenn möglich, stets diejenige Sprache, die der jeweiligen Situation angemessen ist, was allerdings auch in Deutschland nicht zwangsläufig Deutsch sein muss. Eine Festschreibung des Deutschen im Grundgesetz, könnte außerdem in Konflikt geraten zu Art. 3, Abs. 3 des Grundgesetzes, nach dem niemand wegen seiner Sprache „*benachteiligt oder bevorzugt*“ werden darf.

Dort, wo es hingehört, nämlich im Verwaltungsrecht, ist ohnehin geregelt, dass die *Amts- und Gerichtssprache Deutsch* ist. In das Grundgesetz gehört eine solche Regelung m.E. nicht, zumal eine Festschreibung des Deutschen als ‚*Staatssprache*‘ auch mit der Kulturhoheit der Länder in Konflikt geraten könnte. Denn tatsächlich sprechen einige Bundesländer auch ihren Minderheitensprachen, wie z.B. dem *Sorbischen* in Sachsen und Brandenburg oder dem *Friesischen* in Schleswig-Holstein, den Status einer Amtssprache zu.

Wie die sprachliche Vielfalt auf EU-Ebene gehandhabt werden kann, werden wir im anschließenden Kapitel diskutieren. Für Deutschland kann man festhalten: Deutschland ist zweifelsohne ein vielsprachiges Land, lediglich was die Amtssprachen betrifft, ist Deutschland einsprachig. Abgesehen von den genannten länderspezifischen Regelungen in Schleswig-Holstein, Sachsen und Brandenburg gilt: Die Amts- und Gerichtssprache ist Deutsch.

Dies ist solange unproblematisch, wie es auf deutschem Gebiet keine geschlossenen Siedlungsgebiete gibt, in denen die Bevölkerung durchgängig eine andere Sprache als Deutsch spricht. Dann erst hätten wir eine vergleichbare Situation wie in Belgien oder in der Schweiz. Aber auch Sorbisch und Friesisch, wie auch das am Rande erwähnte Jenische als nicht territorial gebundene Sprache, sind kaum mit der belgischen oder schweizerischen Situation einer *kollektiven oder staatlichen Mehrsprachigkeit* vergleichbar.

Tatsächlich sollten wir uns einerseits darum bemühen, unterstützende (institutionelle) Angebote zum Erlernen des Deutschen (als Fremd- oder Zweitsprache) zu machen, andererseits sollten wir uns jedoch auch darum bemühen, als deutsche Muttersprachler nicht einsprachig zu bleiben, können wir uns doch selbst in fortgeschrittenem Alter noch immer der einen oder anderen Fremdsprache zuwenden, selbst wenn es (nur) die Sprache eines unserer liebsten Urlaubsländer ist.

Auf einer Fahrt nach Berlin kam ich einmal mit einem älteren Herrn ins Gespräch, der, ausgestattet mit einem *spanischen* Lehrbuch und Wörterbuch eigentlich wohl gar nicht gestört werden wollte. Ich hatte wohl eher erwartet, dass jemand auf der Fahrt in Richtung Osten noch schnell etwas Polnisch lernen will, aber Spanisch? Ja, Spanisch, erklärte mir der Rentner. Er habe sich vor kurzem von seinem Ersparten eine kleine Wohnung in Südspanien gekauft. Man komme dort zwar auch ganz gut mit Deutsch zurecht, aber er habe doch den Eindruck, dass man mit einem bisschen spanischen Feilschen oder auch mit einer mit wenigen Worten auf Spanisch geführten Plauderei alles ein wenig billiger bekomme. Und aus diesem schlichten ökonomischen Grund lerne er jetzt Spanisch. Es gibt, wie man sieht, viele (gute) Gründe eine Fremdsprache zu lernen.

Lektüreempfehlungen zu Kap. 2

Praktische Aspekte der Mehrsprachigkeit behandeln:

Ehlich, Konrad/ **Hornung**, Antonie (Hrsg.): *Praxen der Mehrsprachigkeit*. Münster: Waxman, 2006.

Als allgemeine Einführung eignen sich:

Müller, Natascha u.a.: *Einführung in die Mehrsprachigkeitsforschung. Französisch, Italienisch*. 3. Aufl., Tübingen: Narr, 2011, sowie die ältere Arbeit von Mario Wandruszka:

Wandruszka, Mario: *Die Mehrsprachigkeit des Menschen.* München/ Zürich: Piper, 1979.

3 ‚Sprachenregime' in den EU-Institutionen

Soweit eine ‚Sprachenpolitik' der EU erkennbar ist, ist diese wohl im Wesentlichen auf eine Förderung der Mehrsprachigkeit ausgerichtet. Eine der bereits angesprochenen Probleme ist dabei die Rolle des Englischen als ‚*Weltsprache*' und als mögliche europäische Verkehrssprache (‚*lingua franca*'). Zur Förderung der Mehrsprachigkeit gehört darüber hinaus der ‚Schutz' von Regional- und Minderheitensprachen als besonderes Anliegen der EU.

Amts- und Arbeitssprachen

In der Europäischen Union haben derzeit 24 Sprachen den Status von „*Amts- und Arbeitssprachen*". Dies sind im Grunde die in den verschiedenen Mitgliedsländern gesprochenen Nationalsprachen, soweit sie dort den Status einer Amtssprache haben und es sich nicht um Regional- oder Minderheitensprachen handelt. Dass die Zahl der Amtssprachen nicht mit der Zahl der Mitgliedsländer übereinstimmt, ergibt sich daraus, dass in einigen der 28 Mitgliedsländer (bzw. 27 nach dem Austritt Großbritanniens) die gleichen Sprachen den Status einer Amtssprache haben. So ist Deutsch beispielsweise Amtssprache in Deutschland und Österreich, neben Französisch und Flämisch auch noch in Belgien; Griechisch ist Amtssprache in Griechenland und in Zypern, in Luxemburg sind die Amtssprachen Französisch und Deutsch usw.

Die ersten vier „*Amtssprachen und die Arbeitssprachen der Organe der Gemeinschaft*", die in der „*Verordnung Nr. 1 zur Regelung der Sprachenfrage für die Europäische Wirtschaftsgemeinschaft*" (Amtsblatt Nr. 017 vom 6. Oktober 1958) festgelegt wurden, waren „*Deutsch, Französisch, Italienisch und Niederländisch*", dann kamen mit jedem weiteren Land, das der EU beigetreten ist, die Amtssprachen der Beitrittsländer hinzu, so dass die Europäische Union heute durch eine außergewöhnliche *Sprachenvielfalt* geprägt ist. Die in der EU vertretenen 24

Amtssprachen sind heute: *Bulgarisch, Dänisch, Deutsch, Englisch, Estnisch, Finnisch, Französisch, Griechisch, Irisch, Italienisch, Kroatisch, Lettisch, Litauisch, Maltesisch, Niederländisch, Polnisch, Portugiesisch, Rumänisch, Schwedisch, Slowakisch, Slowenisch, Spanisch, Tschechisch, Ungarisch* und *Kroatisch. Irisch* hatte zunächst lediglich den Status einer ‚Vertragssprache', wurde aber 2005 (zusammen mit Rumänisch und Bulgarisch) in die Liste der Amts- und Arbeitssprachen der EU aufgenommen.

Über diese Vielfalt der Sprachen hinaus finden wir in der EU auf der Ebene der Schrift überdies drei unterschiedliche *Alphabetschriften*: die lateinische, die griechische und die kyrillische (in Bulgarien). Sollten Sie sich einmal für einige Zeit in Griechenland aufhalten, werden Sie jedoch überrascht sein, wie schnell sie dort das griechische Alphabet lernen werden. Da alle wichtigen Aufschriften größtenteils auch in lateinische Schriftzeichen übertragen sind, können Sie schnell die entsprechenden griechischen Buchstaben ‚erschließen', indem Sie diese den lateinischen zuordnen.

Sprachenvielfalt in der EU

Über die Amtssprachen hinaus existieren in den Mitgliedsländern insgesamt etwa 60 weitere ‚Sprachen', vielfältige Regional- und Minderheitensprachen, die zwar nicht den Status einer Amtssprache haben, die von der EU jedoch als besonders schützenswert betrachtet werden. Darüber hinaus finden sich in Europa noch etwa 175 Sprachen von nicht-europäischen Migranten.

Um in dieser Vielfalt allein der europäischen Sprachen einerseits keine Sprache auszuschließen (und damit tendenziell abzuwerten), andererseits aber in den konkreten Arbeitszusammenhängen in den EU-Institutionen und -Behörden praktikable Lösungen für die Arbeitskommunikation zu finden, hat sich neben den prinzipiell gleichberechtigten 24 Amtssprachen eine informelle Praxis bei der Wahl der tatsächlich verwendeten *Arbeitssprachen* herausgebildet. Zwar sind alle 24 Amtssprachen offiziell zugleich auch als Arbeitssprachen zugelassen, in der Arbeitspraxis der verschiedenen EU-Institutionen und -Behörden, der Projektgruppen und Ausschüsse und schließlich auch in der Europäischen Zentralbank (EZB) in Frankfurt musste jedoch ein Arbeitssprachenkonzept gefunden werden, das in erster Linie praktikabel sein sollte. So hat wohl letztlich das Kriterium der Ökonomie oder der Praktikabilität dazu geführt, dass die Arbeitssprache in der EZB tatsächlich Englisch ist, obwohl diese ihren Sitz in Deutschland hat.

Bedeutung der Amtssprachen

Trotz der offiziell gleichberechtigten 24 Amts- und Arbeitssprachen in der EU können tatsächlich nur wenige Sprachen im internen Verkehr der Behörden, in Beratungen von Ausschüssen etc. als *Arbeitssprachen* verwendet werden, ohne dass man auf Dolmetscher zurückgreifen müsste.

Trotz dieser faktischen Reduktion von Mehrsprachigkeit auf der Ebene der Arbeitssprachen ist die Gleichberechtigung aller *Amtssprachen* nicht nur eine abstrakt-theoretische Forderung, sondern hat *praktische Konsequenzen* für jeden einzelnen EU-Bürger. Auch wenn es ihm vermutlich nicht gelingen wird, in jedem Mitgliedstaat mit jedem beliebigen EU-Bürger oder mit jeder beliebigen Behörde erfolgreich zu kommunizieren, wenn er dies ausschließlich in seiner eigenen Muttersprache zu tun gedenkt, so er kann jedoch in der Tat jedes Schriftstück, das an „*Organe der Gemeinschaft*" gerichtet ist, nach seiner Wahl in einer der 24 Amtssprachen abfassen und er darf erwarten, dass ein solches Schreiben dann auch in der von ihm als Absender verwendeten Amtssprache beantwortet wird (Art. 2). Aufgrund des Art. 3 der genannten Verordnung von 1958 gilt dies nicht nur für Privatpersonen, sondern selbst für Schriftstücke, die ein Mitgliedstaat an Organe der Gemeinschaft richtet.

Darüber hinaus regelt Art. 4, dass *„Verordnungen und andere Schriftstücke von allgemeiner Geltung"* *„in den vier Amtssprachen"* bzw. in den heutigen 24 Amtssprachen abgefasst werden müssen. Dies kann allerdings faktisch nur noch mit Einschränkungen realisiert werden: In *sämtliche* Amtssprachen werden nur noch diejenigen Rechtsvorschriften und sonstigen Texte übersetzt, die von besonderer Bedeutung oder von großem Interesse für die Öffentlichkeit sind. Andere Unterlagen werden lediglich *„in die jeweils erforderlichen Sprachen"* übersetzt.

Aus einer solchen multilingualen Herausforderung resultiert also nicht zwangsläufig, dass jeder Vertreter einer EU-Behörde in der Lage sein muss, in allen Amtssprachen unmittelbar kommunizieren zu können. Da dies nicht nur utopisch, sondern sicherlich auch wenig praktikabel wäre, werden beispielsweise in der Europäischen Kommission intern nur drei so genannte *„Verfahrenssprachen"* benutzt: *Englisch, Französisch* und *Deutsch.* Allerdings erhalten die Mitglieder des Europäischen Parlaments nach wie vor sämtliche Arbeitsdokumente auch in ihrer jeweiligen Muttersprache, sofern diese eine der Amtssprachen der EU ist.

Fremdsprachenkompetenz

Was in einer solchen Situation der Vielsprachigkeit in jedem Fall unverzichtbar ist, sind qualifizierte Übersetzer, wie wir sie beispielsweise in den Übersetzungs- und Dolmetschdiensten der EU in Luxemburg finden (s. unten sowie Kap. 4). Auch wenn ein Europa angestrebt wird, *„in dem alle neben ihrer Muttersprache von klein auf mindestens zwei Fremdsprachen lernen (M + 2F)*, wie es von den EU-Staats- und Regierungschefs im März 2002 auf der Ratstagung in Barcelona vereinbart wurde, sind der vielsprachigen Kommunikation natürlich individuelle Grenzen gesetzt.

So lag nach einer in 14 Ländern durchgeführten EU-Studie zur *Sprachenkompetenz* der Anteil der Schülerinnen und Schüler, die in ihrer ersten Fremdsprache (in der Regel Englisch) wirklich kompetent waren, durchschnittlich nur bei 42%; in Malta und Schweden allerdings überdurchschnittlich hoch bei 82%, in Frankreich dagegen nur bei 14% und in England (hier für Französisch) sogar bei nur 9%. Über eine *zweite Fremdsprache* verfügten lediglich 25%. 14% erreichten bei der ersten und 20% bei der zweiten Fremdsprache jedoch nicht einmal das Niveau von „*Grundkenntnissen*". 98% der EU-Bürger sind laut einer Eurobarometer-Umfrage vom Juni 2012 gleichwohl der Meinung, Fremdsprachenkenntnisse seien gut für die Zukunft ihrer Kinder, womit sie zweifellos Recht haben. (Aktuell: Eurobarameter 2016, jedoch nicht zur fremdsprachlichen Kompetenz.)

Das polyglotteste EU-Land ist jedoch nicht Schweden, sondern Luxemburg: Hier beherrschen 99% der Bevölkerung mindestens *eine* Fremdsprache. - Welche Voraussetzungen muss man wohl mitbringen, um 32 Sprachen zu beherrschen wie Ioannis Ikononmou, einer der Übersetzer der Europäischen Kommission?

Übersetzer und Dolmetscher

Die Europäische Kommission beschäftigt insgesamt rund 3000 Übersetzer und Dolmetscher. Die Kosten für das Übersetzen und Dolmetschen in allen EU-Organen (Kommission, Europäisches Parlament, Rat, Europäischer Gerichtshof und Europäischer Rechnungshof, Wirtschafts- und Sozialausschuss sowie Ausschuss der Regionen) belaufen sich trotz dieses relativ hoch erscheinenden Sprachmittleraufwandes jährlich allerdings nur auf weniger als 1% des EU-Haushaltes, was jedoch immerhin rund einer Milliarde Euro entspricht.

Wie die Regelung der Sprachenfrage im Einzelnen umzusetzen ist, welche Sprachen also tatsächlich jeweils als Arbeitssprachen verwendet werden, können die einzelnen Institutionen der EU in ihren Geschäftsordnungen festlegen. So gilt in der EU-Kommission, wie gesagt, ein „*Dreisprachenregime*", wie auch im Ausschuss der Ständigen Vertreter (ASTV) des Rates der

Europäischen Union, während Verhandlungen auf Ministerebene im Rat in alle Amtssprachen übersetzt werden. In den Ratsarbeitsgruppen der Fachbeamten werden in der Regel lediglich die *fünf* großen EU-Sprachen gedolmetscht: *Englisch, Französisch, Deutsch, Spanisch und Italienisch.* Und wenn auf Dolmetscher verzichtet wird, wird praktisch nur noch Englisch und/oder Französisch gesprochen.

Übersetzungsarbeit für das Europäische Parlament

So besteht der vielleicht größte Übersetzungsbedarf wohl immer noch im Europäischen Parlament in Straßburg, denn hier wird im Plenum und in den Ausschüssen in alle und aus allen Sprachen gedolmetscht. Dokumente werden – in der Regel vom Übersetzerdienst in Luxemburg - in alle Amtssprachen übersetzt.

Die Dolmetscher, die nicht zur Generaldirektion ‚Übersetzung', sondern zu einer eigenen Generaldirektion ‚Dolmetschen' gehören, müssen dagegen in ihren Kabinen ‚vor Ort' im Parlament ihre Arbeit leisten. - Wie können aber für alle Sprachen bzw. Sprachenpaare Dolmetscher bereitgestellt werden? Was wäre beispielsweise zu tun, wenn ein Redner im Parlament *Estnisch* spricht? Theoretisch müssten dann Dolmetscher verfügbar sein, die in der Lage wären, aus dem Estnischen in alle anderen 23 Amtssprachen simultan zu dolmetschen, also Estnisch – Deutsch, Estnisch – Englisch, aber auch Estnisch – Rumänisch, Estnisch – Niederländisch, Estnisch – Lettisch usf.

Da dies im Hinblick auf den dafür erforderlichen Personalaufwand in der Regel nicht möglich ist, kann der Prozess des Dolmetschens in einem solchen Fall auch über andere Sprachen als Zwischenstufen erfolgen, die übersetzungstechnisch als ‚*Zwischensprachen*' oder ‚*Relais-Sprachen*' bezeichnet werden. Dies bedeutet in unserem Beispiel, dass der für das Estnische zuständige Dolmetscher nicht unbedingt auch Deutsch beherrschen muss, sondern dass er seine Übersetzung vom Estnischen ins Englische in eine andere Kabine übertragen kann, wo dann ein weiterer Dolmetscher aus dem Englischen ins Deutsche dolmetscht. In diesem Fall wäre das Englische die *Relais-Sprache*: Der eine Dolmetscher nutzt das Englische als (erste) Zielsprache (*target language*), der zweite Dolmetscher nimmt die erste Zielsprache seinerseits als Ausgangssprache (*source language*) für die Fortführung des Prozesses des Dolmetschens, der hier nicht einfach ‚*von Text zu Text*', sondern ‚*von Sprache zu Sprache*' schrittweise voran gebracht werden kann. – Seit kurzem kann als Relais-Sprache im Europäischen Parlament neben Englisch und Französisch auch Deutsch verwendet werden.

Anders als bei den Dolmetschern ist die Arbeit der Übersetzer weitgehend Nachtarbeit, wenn Dokumente, die aus dem Europäischen Parlament am Abend dem Übersetzungsdienst in Luxemburg übermittelt werden, zur nächsten Plenarsitzung in allen Amtssprachen vorliegen müssen. Die Erstellung der übersetzten Textversionen steht somit unter erheblichem Zeitdruck. Gleichwohl müssen die Texte adäquat übersetzt werden, auch wenn gelegentliche Übersetzungsfehler natürlich nicht restlos ausgeschlossen werden können.

An diplomatischen Feinheiten wird man dann sicherlich weiterarbeiten bzw. ‚feilen' müssen, insbesondere wenn es um Verträge geht. Im praktischen Kontext der Arbeit und der Arbeitsfähigkeit des Europäischen Parlaments muss der (theoretisch) ‚*unendliche Prozess*' des Übersetzens letztlich pragmatisch immer wieder in die Endlichkeit zurückgeholt werden. Auf die ‚Entdeckung der Langsamkeit' wird sich dabei allerdings kaum jemand berufen können.

Deutsch im EU-Kontext

Immer wieder werden Befürchtungen laut, das Deutsche werde in den praktischen Entscheidungen zur Sprachenwahl nicht hinreichend berücksichtigt. Tatsächlich versucht die Bundesregierung beständig, die Rolle des Deutschen als Arbeitssprache in möglichst allen EU-Institutionen zu stärken, denn schließlich sprechen immerhin rund 30% der EU-Bürger Deutsch, davon 20% als Muttersprache.

Wie aber sollte eine solche *,Stärkung' des Deutschen* konkret aussehen, wenn man nicht in die Geschäftsordnungen der jeweiligen Gremien eingreifen will. Denn dort wird sich die Wahl der Arbeits- oder *Verfahrenssprache* pragmatisch an den Sprachenkenntnissen der jeweiligen Mitglieder orientieren (möglicherweise auch an der Sprache des jeweiligen Sitzlandes oder an bestimmten Traditionen). So war die interne Arbeitssprache am Europäischen Gerichtshof wie am Europäischen Gericht zunächst primär Französisch, inzwischen dringt jedoch das Englische immer weiter vor, teilweise wohl auch das Deutsche. Die internen Beratungen der Richter finden dagegen wohl nach wie vor überwiegend auf Französisch statt.

Warum sollte man die EU-Beamten ,zwingen', Deutsch zu verwenden, anstatt diejenigen der derzeit üblichen Arbeitssprachen, die sie am besten beherrschen? Ist das Deutsche nicht schon genügend dadurch ,gewürdigt', dass es neben Englisch und Französisch eine der drei Arbeitssprachen der EU-Kommission ist? Sicherlich sind entsprechende Deutsch-Sprachkurse für EU-Beamte ebenso sinnvoll, wie Französisch-Sprachkurse. Aber letzten Endes wird man wohl immer diejenige Sprache bevorzugen, die man am besten beherrscht oder die sich für die Kommunikation mit möglichst vielen anderssprachigen Partnern jeweils anbietet. Dass dabei das Englische immer mehr dominiert, weil es mit 47% die als Mutter- und Fremdsprache meistgesprochene Sprache in Europa ist, muss uns weder verwundern noch gegen das Englische aufbringen: Man kann von uns schließlich genauso erwarten, dass wir Englisch lernen, wie wir vielleicht von anderen erwarten, dass sie Deutsch lernen.

Was letztlich hinter der Forderung nach stärkerer Berücksichtigung der jeweils eigenen Sprache steckt, dürfte die Befürchtung sein, dass uns irgendeine Art von Nachteil daraus erwachsen könnte, dass in irgendeiner der EU-Institutionen unsere Muttersprache nicht eine mögliche Verhandlungssprache ist, dass wir also zwangsläufig in einer Fremdsprache kommunizieren müssten.

Tatsächlich könnte unser Verhandlungserfolg wohl auch einmal davon beeinflusst sein, dass wir in der Fremdsprache in der Regel nicht alle sprachlich-kommunikativen Feinheiten beherrschen, die uns muttersprachlich zu Gebote stehen. Was sollen dann aber die Vertreter der anderen Amtssprachen sagen, von denen bisher wohl niemand seine jeweilige Muttersprache als Verfahrenssprache vorgeschlagen hat. Bei den kleineren Sprachen mag das ja noch konsequent erscheinen, aber warum sollte beispielsweise nicht das Spanische mit dem gleichen Recht eine Arbeits- oder Verfahrenssprache sein können wie das Deutsche?

Regional- und Minderheitensprachen

Neben den jeweiligen Amtssprachen werden in den Mitgliedsländern der Europäischen Union zudem noch etwa 60 Regional- und Minderheitensprachen gesprochen. Die *„Europäische Charta der Regional- oder Minderheitensprachen“*, die 1992 vom Europarat gezeichnet wurde, stellt das erste weit reichende völkerrechtliche Abkommen zum Schutz von Minderheiten- und Regionalsprachen dar. Mit der definitorischen Beschränkung auf *„historisch siedelnde Minderheiten“* werden allerdings die Sprachen von Immigranten ausgeschlossen; auch umfasst der Begriff der ‚Sprache' hier ebenso wenig *Dialekte,* wie Sprachen mit quasi offiziellem Status wie das Letzenburgische in Luxemburg.

Ziel der Charta ist es letztlich, Regional- und Minderheitensprachen vor dem Aussterben zu schützen, indem ihr Gebrauch in Bereichen des öffentlichen, kulturellen, wirtschaftlichen und sozialen Lebens gefördert werden soll. Ob und wie dies geschehen kann, bleibt allerdings Maßnahmen der einzelnen Länder überlassen, denen auch bei Nicht-Einhaltung der Grundsätze der Charta keine Sanktionen drohen.

In *Deutschland* trat die Charta nach der Ratifizierung durch die Bundesregierung am 1. Januar 1999 in Kraft. Damit verpflichtet sich die Bundesrepublik, *fünf Minderheitensprachen und eine Regionalsprache* in denjenigen Bundesländern zu ‚schützen', in denen diese Sprachen verbreitet sind: *Dänisch* in Schleswig-Holstein, *Sorbisch* in Sachsen und Brandenburg, *Nordfriesisch* in Schleswig-Holstein und *Saterfriesisch* in Niedersachsen und *Romanes* (entsprechend dem *Jenischen* in der Schweiz) als Minderheitensprachen sowie *Niederdeutsch* als Regionalsprache.

Die Abgrenzung zu Dialekten fällt allerdings nicht ganz leicht, denn auch hier stellt sich wiederum die Frage, was wir in welchem Sinn als ‚Sprache' betrachten wollen. Vermutlich dürfte die 1996 abgegebene „*Allgemeine Erklärung der Sprachenrechte*" für den individuellen Sprachbenutzer ohnehin bedeutsamer sein, da diese das persönliche *Recht auf den Gebrauch seiner eigenen Sprache* stärken soll.

Wir sollten dies allerdings nicht so verstehen sollten, dass wir in jeglicher Kommunikation auf der Verwendung unserer je eigenen Sprache bestehen sollten. Denn wenn jeder der Kommunikationsteilnehmer dies täte, wären sprachlich bedingte Kommunikationsbarrieren letztlich nicht überwindbar.

Regionalsprachen in den EU-Organen

Es mag den Sprecher einer Standardsprache verwundern: Tatsächlich hat der Rat der Europäischen Union seine Zustimmung gegeben, dass auch bestimmte Regionalsprachen sogar in formellen EU-Sitzungen und EU-Dokumenten genutzt werden dürfen; jedoch nur dann, wenn diese Sprachen in der Verfassung des jeweiligen Mitgliedlandes anerkannt sind und nicht den Status einer Amtssprache haben. Eine Vereinbarung mit der spanischen Regierung betrifft beispielsweise die Verwendung von *Baskisch*, *Galicisch* und *Katalanisch*, eine Vereinbarung mit dem Vereinigten Königreich *Walisisch* und *Schottisch-Gälisch.* Die Regelungen zur Verwendung der Regionalsprachen sind im Einzelnen recht differenziert, in jedem Fall trägt allerdings der jeweilige Mitgliedstaat die Kosten für die Übersetzung wie für die Verdolmetschung von Regionalsprachen.

Vielfalt oder einheitliche Verkehrssprache?

So hoffnungsvoll uns die Akzeptanz und Wertschätzung von Heterogenität, wie auch die Förderung von Mehrsprachigkeit grundsätzlich auch stimmen mag, muss man doch fragen, ob eine derartige Vielfalt, einschließlich der zu den 24 Amtssprachen noch hinzukommenden nicht geringen Anzahl an Regional- und Minderheitensprachen, nicht auch zu ‚Reibungsverlusten' in den kommunikativen Abläufen bis hin zur Entscheidungsfindung führen könnte. Die Formel von der *‚Einheit in der Vielfalt'* ist mir theoretisch zwar äußerst sympathisch, weil *‚Vielfalt'* tatsächlich in jeder Hinsicht eine Erweiterung unseres Horizonts darstellt, es bedarf jedoch andererseits immer auch gewisser Anstrengungen, den Umgang mit der Vielfalt produktiv werden zu lassen. Gelegentlich wird es dabei wohl eines regelrechten *‚diversity managements'* bedürfen, wie es global interagierende Unternehmen längst praktizieren.

In allen Antworten, die die Europäische Kommission im Internet auf „Häufig gestellte Fragen" (FAQs – frequently asked questions) zu *„Mehrsprachigkeit und Sprachenlernen"* gibt, werden durchgängig die positiven Aspekte der sprachlichen und kulturellen Vielfalt in der Europäischen Union hervorgehoben. Die Argumentationsstrategie setzt in der Charta der Grundrechte der Europäischen Union bei den Artikeln 21 und 22 an, die festlegen, dass niemand wegen seiner Sprache diskriminiert werden darf (durchaus analog zum Grundgesetz) und *„dass die Europäische Union die Vielfalt der Sprachen achtet"*. Dass alle Amtssprachen der Mitgliedsländer auch Amtssprachen der EU sind, trägt zwar *„der Demokratie, der Transparenz und der Ver-*

antwortlichkeit Rechnung“, wohl aber auch dem Anspruch jedes einzelnen Mitgliedslandes seine Interessen auch sprachlich zu wahren, anstatt ohne Not *„auf seine eigene Sprache zu verzichten*“. Die institutionelle Durchsetzung einer Sprache als alleiniger Arbeitssprache und damit letztendlich wohl auch als allgemeiner Verkehrssprache in Europa wird bislang als „undemokratisch“ abgelehnt.

Somit bleibt es das erklärte Ziel der Sprachenpolitik in der EU, die *Sprachenvielfalt zu schützen*, gleichzeitig aber auch das *Sprachenlernen zu fördern* und dadurch den Weg zu *individueller Mehrsprachigkeit* möglichst aller EU-Bürger zu *unterstützen*. Während die jeweils eigene Sprache (Amtssprache oder regionale Sprache) immer noch Garant der jeweiligen (regionalen) kulturellen Identität zu sein scheint, soll das Sprachenlernen offensichtlich die *„gesellschaftliche Integration*“ in Europa stärken, aber auch schlicht ökonomisch die Wahrnehmung *„der Ausbildungs- und Beschäftigungsmöglichkeiten auf dem Binnenmarkt*“ erleichtern.

Dementsprechend fördert die Europäische Kommission die Mehrsprachigkeit in Europa aus verschiedenen Gründen:

„1. um den interkulturellen Dialog und eine inklusivere Gesellschaft zu fördern,

2. um den Bürgerinnen und Bürgern der 27 Mitgliedstaaten ein Gefühl für die Unionsbürgerschaft zu vermitteln,

3. um den Menschen die Möglichkeit zu eröffnen, im Ausland zu studieren oder zu arbeiten, und

4. um den global operierenden EU-Unternehmen neue Märkte zu erschließen.“

Um diese Ziele zu erreichen, ist es sprachenpolitisch konsequent, im Hinblick auf das Sprachenlernen der EU-Bürger, ein Europa anzustreben, *„in dem alle neben ihrer Muttersprache von klein auf mindestens zwei Fremdsprachen lernen. Die Vor-*

gabe ‚Muttersprache + 2' wurde von den EU-Staats- und Regierungschefs im März 2002 auf der Ratstagung in Barcelona vereinbart."

Die praktische Umsetzung dieser Vereinbarung hat allerdings im Laufe von 10 Jahren (2002-2012) bislang nicht zu dem gewünschten Erfolg geführt. Denn wie die schon erwähnten Eurobarometer-Umfragen (zuletzt Juni 2012) zeigen, „*ist die Zahl der Europäerinnen und Europäer, die angeben, sie könnten in einer Fremdsprache kommunizieren, seit der letzten Erhebung zur Mehrsprachigkeit im Jahre 2005 von 56 auf 54% leicht zurückgegangen.*" Realistisch gesehen, ist also derzeit kaum mehr als jeder zweite Europäer zweisprachig ist, wobei wir noch nicht einmal von der höheren Anforderung „M + 2" sprechen.

EU-Programm ‚Lebenslanges Lernen" (2014-2020)

Seit einer Reihe von Jahren bietet die Europäische Gemeinschaft Förderprogramme an wie ‚*Comenius*' (für Schüler), ‚*Leonardo*' (für Auszubildende und Berufstätige) und insbesondere ‚*Erasmus*' (für Studierende und Hochschullehrer), um die Mobilität innerhalb der Gemeinschaft zu fördern. Es werden Zuschüsse vergeben, um in erster Linie jungen Erwachsenen Erfahrungen mit dem Studium oder einer beruflichen Tätigkeit im europäischen Ausland zu ermöglichen.

Der Besuch vorbereitender Sprachkurse zum Erwerb der jeweiligen Landessprache ist dabei freilich unumgänglich. Wie schnell die Studierenden Kenntnisse in einer Fremdsprache bis zu einem Niveau erwerben, das tatsächlich die erfolgreiche Teilnahme an universitären Veranstaltungen in der jeweiligen Landessprache ermöglicht und sogar Prüfungen absolviert und Leistungsnachweise erworben werden können, ist oft erstaunlich. So eignete sich einer meiner Söhne in einem dreimonatigen Spanisch-Kurs und in einer Wohngemeinschaft mit einem spanischen Paar ausreichende Spanisch-Kenntnisse an, um ein Erasmus-Semester in Madrid Jura zu studieren und nach dem

Studium ein Praktikum bei einem Anwalt in Barcelona machen zu können. Eine Studentin, die wir für ein Erasmus-Semester an unserm Partnerinstitut in Pisa ausgewählt hatten, reiste bereits zwei Monate früher nach Italien und absolvierte mit Erfolg einen Italienisch-Kurs in Siena. ‚Sprachbarrieren' gibt es zweifellos, aber sie sind mit ein wenig Engagement wohl leichter überwindbar als wir gemeinhin annehmen.

Mit dem 2014 neu aufgelegten Programm für *‚lebenslanges Lernen'* (‚*LLL*'), das mit etwa 50 Mio. EUR pro Jahr gefördert werden soll, sollen unter dem Motto „*Erasmus für alle*" alle Bürger und Bürgerinnen der EU „*die Möglichkeit haben, ihre Sprachkenntnisse zu verbessern, sich anderen Kulturen zu öffnen und die Vorteile zu entdecken, die ihnen die Europäische Union und der Weltmarkt bieten.*"

Welche Sprachen werden es aber sein, die wir als erste und zweite Fremdsprache lernen? Wie wird es möglich sein, für alle gewünschten Sprachen die Lehr- und Lernmaterialien bereit zu stellen und auch die entsprechenden Fremdsprachenlehrkräfte zu gewinnen bzw. erst einmal auszubilden?

Blicken wir auf die zehn Jahre von 2002 (Barcelona) bis 2012 (Eurobarometer) zurück, so ist zwar die Zahl derer, die an den genannten EU-Programmen teilgenommen und dabei gewiss auch weitere Fremdsprachenkenntnisse erworben haben, beachtlich. Ebenso stimmt es optimistisch, wenn „*Sprachenlernen und sprachliche Vielfalt*" zu den Schwerpunkten des neuen Programms „*Erasmus für alle*" zählen. Andererseits hat jedoch die Zahl derer, die angeben, in einer Fremdsprache kommunizieren zu können, innerhalb der letzten zehn Jahre eher ab- als zugenommen, so dass man hinsichtlich verbesserter Sprachenkompetenz in der EU wohl eher skeptisch sein bleiben muss.

Wird es, wenn die ‚(Wieder)einführung' des Lateinischen als EU-weite Verkehrssprache ebenso wenig praktikabel erscheint wie der Rückgriff auf eine der Welthilfssprachen Esperanto oder Valpük, letztlich nicht doch *Englisch* sein, das früher oder später zusätzlich zu seiner Rolle als ‚*Weltsprache*' auch die

Rolle einer *‚europaweiten Verkehrssprache'* (*lingua franca*) übernehmen wird?

Chancen für europäische Mehrsprachigkeit

Auf die Frage „*Welche Sprache ist die wichtigste?*" ist die nicht nur diplomatisch korrekte Antwort, die die EU-Kommission im Internet gibt: „*Alle Sprachen sind gleich wichtig.*" Ein wenig differenzierter betrachtet, werden die quantitativen sprachlichen Verhältnisse dann wie folgt dargelegt:

„*Die EU-Sprache mit der größten Zahl an Muttersprachlern in der EU ist Deutsch. Außerhalb Deutschlands und Österreichs wird Deutsch jedoch nur wenig verwendet. Die weltweit am meisten gesprochenen Sprachen sind Englisch und Spanisch – doch die meisten Sprecher leben nicht in Europa. Englisch ist die am weitesten verbreitete Zweitsprache in der EU. Allerdings zeigen aktuelle Untersuchungen, dass selbst heute weniger als die Hälfte der EU-Bevölkerung Englisch gut genug kann, um in dieser Sprache zu kommunizieren. Französisch ist in drei Mitgliedstaaten die einzige oder eine Amtssprache (Belgien, Frankreich, Luxemburg). Es wird in vielen Teilen der Welt gesprochen und an vielen Schulen in der EU unterrichtet. Allerdings ist es als Fremdsprache in Süd- und Westeuropa wesentlich weiter verbreitet als in Nord- und Osteuropa.*"

Möchte man dem Deutschen in dieser Bewertung noch ein wenig mehr Gewicht verleihen, kann man gern ergänzen, dass auch Deutsch eine der Amtssprachen in Belgien ist, auch in Luxemburg gesprochen und in den Niederlanden größtenteils verstanden wird. Wenn auch nicht in einem weiteren EU-Land, so ist Deutsch schließlich auch in der Schweiz die Sprache mit den meisten Sprechern und es ist, klein aber fein, die alleinige Amtssprache in Liechtenstein.

Als Fremdsprache hat Deutsch wohl immer noch einen besonderen Stellenwert in den osteuropäischen Ländern, obwohl es auch hier inzwischen gegen das Englische stark abfällt. Während die grenznahen Handwerksbetriebe nach der Wende eine Zeitlang Deutsch als erste Fremdsprache bevorzugt zu haben scheinen, hat in den größeren, global operierenden Unternehmen verständlicherweise schnell das Englische den ersten Platz eingenommen. Und tatsächlich ist Englisch ja auch in der EU die am weitesten verbreitete Fremdsprache.

Zweite Fremdsprache?

Wenn schon das Englische (als in der Regel erste Fremdsprache) oft nicht hinreichend beherrscht wird, fragt man sich zu Recht, wer dann eigentlich mit welchem Aufwand noch eine zweite Fremdsprache zu erlernen vermag. In einem Beitrag im Feuilleton der Frankfurter Allgemeinen (FAZ; 19.10.2012) vermutet Jürgen Trabant, Romanist und Linguist an der Universität Bremen deshalb, dass die Europäer letztlich

„*nicht einsahen, warum sie denn eine zweite Fremdsprache lernen sollten, wenn sie doch mit Englisch alle kommunikativen Bedürfnisse befriedigen können. Faktisch lernten und lernen die Europäer daher neben ihrer Muttersprache immer mehr nur noch Englisch (M+E), zweite Fremdsprachen werden immer weniger gelernt, und die Briten lernen gleich gar keine Fremdsprache mehr (M=E), sie können ja in ihrer M mit allen kommunizieren.*“

Sprachenvielfalt und das Erlernen einer zweiten Fremdsprache könnte also an einer Realität scheitern, in der, wie Trabant schreibt,

„*die sprachliche Vereinheitlichung des Kontinents massiv vorangetrieben (wird). Vom Englischen im Kindergarten bis zur Universität findet eine mächtige Anglisierungskampagne durch die nationalen Erziehungsinstitutionen statt.*“

Diese Tendenz könnte sich noch dadurch verstärken, dass unsere Studierenden sich in der inzwischen weitgehend obligatorischen Zusatzausbildung für das frühe Fremdsprachenlernen, bei der sie zwischen Englisch und Französisch wählen können, zu 90% für das Englische entscheiden. Wo sollen also die kompetenten Sprachlehrer für den frühen Fremdsprachenerwerb in einer anderen Sprache als Englisch herkommen? Wie sollen das bereits die Erzieherinnen in den Kindergärten überhaupt leisten?

Und die zweite Fremdsprache? – Wann soll diese wo und wie erlernt werden? Tatsächlich sind hier die weiterführenden Schulen als Ort des weiteren Fremdsprachenerwerbs nur *eine* Option. Das Erlernen einer zweiten Fremdsprache könnte ebenso gut im Studium, im internationalen Austausch und im weiteren Erwachsenenalter auch in nicht-institutionellen Kontexten und somit auch ungesteuert stattfinden. So ergibt es sich in Grenzregionen schon heute fast zwanglos, (‚ungesteuert') die *‚Sprache des Nachbarn'* zu erwerben, obwohl hier in der Regel auch schulische und außerschulische Angebote gesteuerten Lernens gemacht werden (z.B. Niederländisch-Unterricht bzw. Deutsch-Unterricht in der deutsch-belgisch-niederländischen Rhein-Maas-Region; Euregio).

Auch arbeits- oder ausbildungsbedingte Migration könnte uns veranlassen, die Sprache des Aufnahmelandes als zweite Fremdsprache zu lernen. Wenn demnächst eine größere Zahl spanischer Auszubildender im Koblenzer Raum eine Lehre als Mechatroniker antreten wird, so ist es selbstverständlich, dass sie - vermutlich in einer Mischung aus ungesteuerten und gesteuerten Lernprozessen - Deutsch als Zweitsprache erlernen werden, was dann in der Regel ihre zweite Fremdsprache sein dürfte. – Gerade was den Erwerb einer zweiten Fremdsprache angeht, müssen wir also über den schulischen Fremdsprachenunterricht hinaus wohl eher an eine *Vielfalt von Fremdspracherwerbssituationen* denken, auch wenn sicherlich nicht alle EU-Bürger regelmäßig in solche Situationen kommen werden.

Aber allein schon ein Urlaub in einem anderssprachigen Land könnte einen Anreiz bieten zum Erwerb rudimentärer Kenntnisse in der betreffenden Sprache, zur Wahl dieser Sprache als

„*Adoptiv-Sprache*". Selbst bei der Teilnahme am Animationsprogramm eines Ferienhotels kann man mit einer ganzen Reihe anderer Sprachen als der des Urlaubslandes in Kontakt kommen: Vor einigen Jahren haben wir mit jungen Franzosen auf Fuerteventura Boule gespielt und sie haben tatsächlich ein wenig Deutsch gesprochen; Englisch war die Sprache der Wahl, als wir ein anderes Mal mit Engländern Darts gespielt haben. Und auch beim Boule-Spiel auf Teneriffa, an dem sich Spanier, Franzosen, Schweizer, Italiener, Engländer und Deutsche beteiligten, verschafften sich zwar alle Sprachen einigermaßen Gehör, in der wechselseitigen Kommunikation landeten wir aber schließlich fast immer bei Englisch. – ‚Irgendwie' gelingt es jedoch immer, ein wenig miteinander ins Gespräch zu kommen in welchen Sprachen auch immer, und auch die Mentalität des jeweils anderen verstehen und ‚lieben' zu lernen.

Englisch als erste Fremdsprache

Vermutlich gerät die zweite Fremdsprache leicht ins Hintertreffen, weil wir sie in vielen Kommunikationssituationen nicht wirklich brauchen und oft auch schlechter beherrschen als die erste Fremdsprache. Die Verabredung im Urlaub in Portugal oder Polen ist vermutlich verlässlicher, wenn wir sie auf Englisch getroffen haben. Denn Englisch dürfte nicht nur in Deutschland, sondern europaweit die (erste) *Fremdsprache der Wahl* sein, selbst wenn es andere Wahlmöglichkeiten gäbe. Was demnach ein erstes erreichbares Ziel wäre (und faktisch sind unsere fremdsprachendidaktischen Entscheidungen darauf ausgerichtet), wäre die durchgängige europaweite Beherrschung von Englisch als (erster) Fremdsprache, die dann allerdings wohl früher oder später *faktisch* zur europäischen Verkehrssprache würde. Vielleicht sollte man sich tatsächlich eher darum bemühen, diese *eine* Fremdsprache, „*wirklich gründlich, d.h. bis zur mühelosen aktiven Beherrschung verschiedener Register zu lernen.*" (Th. Ickler; Sprachreport 1/91, S. 17), als in einer zweiten, nur mangelhaft beherrschten Fremdsprache das Gelingen der Verständigung aufs Spiel zu setzen.

Freilich lassen sich auch einleuchtende Argumente gegen die Etablierung der *internationalen Hilfssprache* Englisch als *europäische Verkehrssprache* vorbringen, wie z.B. das Argument, die englischsprachigen Länder könnten daraus einen (wirtschaftlichen) Vorteil ziehen, weil sie weniger in die Fremdsprachenausbildung investieren müssten (was sie vermutlich heute schon tun). Es ist allerdings kaum ersichtlich, dass bislang *„anglophone Länder wirtschaftlich einen besonderen Vorsprung"* gehabt hätten. Ein wirklich ernst zu nehmender Einwand wäre dagegen, *„das Bedenken, daß alle anderen Sprachen auf lange Sicht zum Untergang verurteilt sein könnten, wenn sie sich allmählich aus den zukunftsträchtigen Kommunikationsdomänen (Wissenschaft, Technik, Wirtschaft) zurückzögen."* (Th. Ickler; Sprachreport 1/91, S. 17)

Nur ökonomische Motive?

Tatsächlich müssen die möglichen Konsequenzen einer Etablierung des Englischen als europaweiter Verkehrs- oder auch Amtssprache gerade im Hinblick auf die anderen europäischen Amts-, wie Regional- und Minderheitensprachen ernst genommen werden. Hierzu vertritt Jürgen Trabant in dem bereits genannten Feuilleton-Beitrag in der FAZ eine dezidierte Position, mit der wir uns abschließend kurz auseinandersetzen wollen.

Der Ruf nach Englisch als europäischer Verkehrssprache sei - so Trabant - keineswegs dem Wunsch nach einer *„nationalsprachliche(n) Vereinheitlichung"* entsprungen, denn es gebe keine *„'national-europäische' Propaganda"*, die diesen Prozess begleite: *„Niemand sagt in Europa: ‚Wir sind eine Nation, und deswegen brauchen wir eine gemeinsame Sprache'."* Tatsächlich wäre es nicht unproblematisch, wenn nicht unmöglich, die Idee einer national-europäischen Identität an eine einzelne der in der Europäischen Gemeinschaft verwendeten Sprachen zu binden.

Vielleicht wäre es jedoch nicht ganz abwegig, dass eine Art *übernationaler Identität* auch in einer Idee von *Vielsprachigkeit* bzw. von mehrsprachigen Individuen in einer vielsprachigen Gesellschaft gefunden werden könnte. Die derzeitige Propagierung des Englischen mag freilich eher eine andere Motivation haben. Es geht in der Tat wohl weniger um europäische Identitätsbildung oder um politisch-kulturelle Ziele, als vielmehr um globale wirtschaftliche Interessen: „*Wer Englisch lernt, tut das nicht für Europa, sondern für sich und die Welt.*“ (J. Trabant)

Aber wäre es nicht zumindest ökonomisch, sich für eine *Europa-Sprache* zu entscheiden, die im Grunde schon weit über Europa hinaus verbreitet ist, die bereits den Status einer *Weltsprache* hat? Und wird sich nicht gerade deshalb Englisch auf längere Sicht, gewollt oder ungewollt, einfach auch als europäische (als transatlantische und weltweite) Verkehrssprache etablieren, jenseits aller sprachenpolitischen Vorbehalte?

‚Absinken' der Nationalsprachen?

Ein erster Schritt zur Mehrsprachigkeit, nämlich zu einer spezifischen Zweisprachigkeit, ist vermutlich bereits getan, wenn die (jüngeren) Bürger Europas inzwischen fast durchgängig Englisch als erste Fremdsprache gelernt haben und es soweit beherrschen, dass sie sich damit bereits heute in ganz Europa (wie in der ganzen Welt) hinreichend verständigen können. Diese Entwicklung kann man erst einmal tatsächlich für erfreulich halten.

„*Die Konsequenzen für die Nationalsprachen der glücklich zweisprachigen Europäer*“ hält Trabant allerdings für weniger erfreulich. In seiner Argumentation schlägt er den gleichen großen historischen Bogen, mit dem wir unser Plädoyer für Mehrsprachigkeit historisch zu begründen versucht haben (s. den Band *Sprachwissen 1*): Er vergleicht das mittelalterliche Verhältnis des *Lateinischen zu den Volkssprachen* mit dem (zukünftigen) Verhältnis des *Englischen zu den europäischen Nationalsprachen.* Wenn „*jetzt oben, in den hohen und wichtigen*

Diskursen zunehmend die Hohe Sprache Englisch verwendet“ werde, „*unten*“ zur sprachlich-kommunikativen Bewältigung des Alltags im weniger bedeutsamen Alltagsgespräch, im *small talk* (und selbst dieser wäre bei entsprechenden Anlässen wohl auf Englisch zu führen) dagegen ‚nur' die jeweiligen Nationalsprachen, so sei zu befürchten, dass das Ansehen dieser Sprachen bei ihren Sprechern sinke. Wenn aber „*die prestigeträchtigen Diskurse*“ nicht mehr in den jeweiligen Nationalsprachen stattfänden, könnten diese in den Status sog. „*Vernakularsprachen*“ (engl. *vernacular* übersetzt ein kleines englisch-deutsches Wörterbuch schlicht mit ‚*Dialekt, Mundart'*) zurückfallen und würden bald als eine Art ‚*niederer Alltagssprache*' gelten.

Und damit würde schließlich genau das ‚gelöscht', was Trabant die „*Europäität*“ der Sprachen in der EU nennt, ihre Verbundenheit in einer gemeinsamen Vergangenheit, die auch wir in unseren Ausführungen immer wieder angedeutet haben. Wenn die europäischen Sprachen jedoch diese ihre ‚Europäität‘ verlören, würden sie zwangsläufig wieder „*lokal und provinziell*“, so dass Europa auf lange Sicht sogar tatsächlich einsprachig werden könnte, wenn eine europäische Verkehrssprache Englisch alle anderen Sprachen in die Bedeutungslosigkeit zurückgedrängt hätte.

Englisch als das neue Latein?

Der Vergleich mit der sprachlichen Situation im Mittelalter, etwa in der Zeit Karls des Großen, zieht einen Vergleich zwischen einer neuen europäischen ‚Hohen Sprache' *Englisch* und der im Mittelalter ‚Hohen Sprache' *Latein*, die gesellschaftlich und kulturell tatsächlich ‚*oben*', überregional und situationsunabhängig, gebraucht werden konnte, während die Volkssprachen ‚*unten*', regional und situativ gebunden, gebraucht wurden. Überregionale Bedeutung gewannen die Volkssprachen bzw. deutschen Dialekte erst in dem Maße, in dem sich aufgrund immer stärkerer (auch politischer) Vereinheitlichungsbestrebungen, aber auch aufgrund wirtschaftlicher Bestrebungen vor allem der Zunft der Drucker eine *Einheitssprache ‚Deutsch'* herausbildete.

Als Sprache der Gesetze und Verordnungen (in den *leges* und *Kapitularien*) blieb das Latein jedoch zunächst tatsächlich die ‚Hohe Sprache'. Die damalige Situation ist insofern der heutigen vergleichbar, als neben dem einheitlich als *schriftliche Gesetzessprache* verwendeten Latein in den verschiedenen Landesteilen des Reichs Karls des Großen tatsächlich auch verschiedene Nationalsprachen in verschiedenen dialektal-regionalen Ausprägungen *gesprochen* wurden.

Leider können sich im heutigen Europa unterschiedliche Nationalsprachen nicht ebenso zu einer Einheitssprache fortentwickeln, wie es die verschiedenen deutschen Dialekte konnten. Diese befanden sich ja bereits unter dem Dach einer virtuellen deutschen Einheitssprache, und waren deshalb sprachhistorisch viel enger miteinander verwandt als es die europäischen Nationalsprachen heute sind. Diese sind zwar auch verwandt; die meisten gehören zur Familie der *indoeuropäischen Sprachen* (die romanischen Sprachen genauso wie die germanischen), einige aber auch zu den finnisch-ugrischen Sprachen.

Einen wesentlichen Unterschied zur Situation im 8. und 9. Jahrhundert muss man allerdings auch sehen: Latein war auch in dem Sinn ‚*Hohe Sprache*', dass es überhaupt nur von bestimmten sozialen Schichten verstanden bzw. verwendet werden konnte, nämlich vom Klerus und vom (höheren) Adel sowie in den Wissenschaften. Das Englische dagegen schickt sich in Europa an, gleichzeitig ‚*Hohe Sprache*' wie allgemeine Verkehrssprache zu werden. Wenn es nicht um regionale und lokale Belange geht, die in den jeweiligen ‚*Regionalsprachen*' verhandelt werden, können wir uns *alle* im *small talk* ebenso auf Englisch verständigen, wie politische Verhandlungen in Englisch geführt und europäische Gesetzestexte auf Englisch verfasst werden können. In diesem Sinn könnte Englisch anders als das Lateinische zu einer *universalen Sprache,* sozusagen multifunktional werden, und dies nicht nur in Europa.

Dann allerdings müssten die ehemaligen Nationalsprachen in einer politischen Einheit ‚Europa' ihren nationalen Status wohl zunehmend aufgeben und sich eingestehen, dass sie innerhalb Europas einen regionalen Status erhalten werden. In diesem Sinn könnte man tatsächlich von einer neuen ‚*Regionalisierung*' der europäischen Sprachen sprechen. Wir würden dann in einem gewissen Sinn wieder zu Dialektsprechern, unser Dialekt wäre dann aber tatsächlich: *Deutsch*. Und so verstünden wir am Ende auch, dass ‚*in my dialect'* sehr wohl mit ‚in meiner Sprache' übersetzt werden könnte.

Lektüreempfehlungen zu Kap. 3

Die meisten angesprochenen EU-bezogenen Texte finden sich leicht im Internet, ebenso der Bericht der Bundesregierung zur „Auswärtigen Kultur- und Bildungspolitik 2010/2011" (http://europa.eu/about-eu; www.bundesregierung.de bzw. www.auswaertiges-amt.de).

Eine frühe empirische Untersuchung zur Sprachenwahl im Wirtschaft- und Sozialausschuss haben vorgelegt:

Born, Joachim/ **Schütte,** Wilfried: *Eurotexte. Textarbeit in einer EU-Institution.* Tübingen: Narr, 1995.

Zusammenfassend in:

Schütte, Wilfried/ **Born**, Joachim: „Die Stellung des Deutschen in den europäischen Institutionen". In: Besch, Werner u.a. (Hrsg.): *Sprachgeschichte. Ein Handbuch zur Geschichte der deutschen Sprache und ihrer Erforschung.* 2. Auflage. Berlin/ New York: de Gruyter, 2000, S. 2175-2186.

4 Der Übersetzer als Sprachmittler

Unsere Möglichkeiten, fremde Sprachen zu erwerben bzw. zu erlernen, sind zwar nicht aufgrund unserer Gehirnkapazität, wohl aber aufgrund der Zeit, die wir dafür aufwenden müssen, letztendlich begrenzt. Wie glücklich wären wir bereits, wenn wir über das Englische hinaus noch eine oder gar zwei weitere Sprachen einigermaßen beherrschten oder wenigstens halbwegs perfekt Englisch sprechen könnten. - Glücklicherweise verfügen wir über die Zunft der *Sprachmittler*, den Berufsstand der Übersetzer und Dolmetscher, die nicht nur EU-Dokumente übersetzen, sondern auch tausende Seiten Romane in wunderbares Deutsch zu übertragen in der Lage sind.

Wenn wir auch prinzipiell stets unsere eigenen Sprachlernfähigkeiten zu erweitern versuchen sollten, so wollen wir doch nach einem Kapitel, das sich mit dem *Erlernen* des Deutschen als Fremdsprache bzw. Zweitsprache beschäftigt hat, abschließend noch einmal einen Blick auf die Tätigkeiten von Übersetzern und Dolmetschern werfen, die uns nicht nur die Weltliteratur in unserer Sprache verfügbar machen, sondern die insbesondere im Rahmen der EU-Behörden und des EU-Parlaments Gesetzes- und Vertragsentwürfe, aber auch zahlreiche Gebrauchstextsorten, wie z.B. Gebrauchsanweisungen oder Medikamentenbeipackzettel ins Deutsche und in viele andere Sprachen übersetzen.

Wir mögen vielleicht annehmen, mehrsprachig aufgewachsene Menschen seien die geborenen Übersetzer und Dolmetscher, wie beispielsweise die in Deutschland aufgewachsenen Kinder aus Migrantenfamilien, in denen die Elterngeneration vielleicht nur ein gebrochenes Deutsch spricht, die Kinder aber zweisprachig aufgewachsen sind und ihre jeweilige Muttersprache und Deutsch als Zweitsprache gleichermaßen beherrschen. Ob es in einer solchen natürlich erworbener Zweisprachigkeit nicht vielleicht doch mehr Probleme gibt als wir denken, wollen wir hier ebenso wenig diskutieren, wie die Frage, warum Muttersprachler, aber auch ‚Zweitsprachler', ohne eine entsprechende Ausbildung vielleicht doch nicht die besten Übersetzer und Dolmetscher sind. Ungeachtet dessen hat mich die junge Spanierin, die uns am Schalter der Autovermietung im Flughafen von Jerez de la Frontera den kleinen Fiat Panda übergibt, mit ihrem absolut akzent- und fehlerfreien Deutsch wirklich beeindruckt.

Bedarf an Übersetzern und Dolmetschern

Wenn man entsprechende Zahlen zum Übersetzungsbedarf in der EU liest, hegt man kaum mehr Zweifel an der Bedeutsamkeit des Übersetzens und Dolmetschens allein schon für den administrativen Bereich der EU-Behörden. Dieser Bedarf betrifft natürlich nicht nur das Übersetzen aus anderen EU-Sprachen in das Deutsche oder umgekehrt, sondern letztlich alle innerhalb der EU-Behörden oder innerhalb des EU-Parlaments möglichen Sprachkombinationen. Wie mit dieser Vielfalt, die im Übersetzungsalltag kaum zu bewältigen scheint, praktisch umgegangen werden kann, haben wir im Kapitel zur Vielsprachigkeit und zum ‚Sprachenregime' in der EU bereits diskutiert. An dieser Stelle zunächst noch einmal ein paar Zahlen.

Bei rund 7.000 Sprachen, die weltweit gesprochen werden (www.ethnologue.com bietet aktuell eine Liste von 7105 Sprachen), ist Asien mit etwa 2.300 verschiedenen Sprachen der Kontinent mit den meisten Sprachen, während Europa der Kontinent mit den wenigsten Sprachen ist: Aber auch hier werden immerhin rund 280 Sprachen gesprochen. Wenn man demgegenüber an die ‚nur' 24 *Amtssprachen* der EU denkt, muss man sich natürlich auch fragen, was bei dieser wohl unerwartet großen Anzahl von ‚Sprachen' allein in Europa denn jeweils als 'Sprache' zählt.

Für die behördliche EU-Welt geht es bei der *Sprachenwahl,* wie wir gesehen haben, stets um die Frage nach den *Amts- und Arbeitssprachen*, während die EU-*Sprachenpolitik* insgesamt durchaus respektiert, dass es darüber hinaus in Europa noch rund 40 Millionen Sprecher von Regional- oder Minderheitensprachen gibt. Und auch diese werden im Sinne der Zählungen des „*Summer Institute of Linguistic, Inc. (SIL)*“ in Dallas/Texas bereits dann als ‚Sprachen' betrachtet, wenn es mindestens einen Sprecher gibt, der diese ‚Sprache' als Muttersprache verwendet. (Über die lebenden Sprachen hinaus werden zudem auch „*extinct, ancient, and constructed languages*“ verzeichnet, „*wether major or minor, written or unwritten*“; siehe ISO 639.)

Beispiel EU-Parlament

Betrachten wir noch einmal exemplarisch die sprachliche Situation im *EU-Parlament*, so stellt sich diese im Vergleich mit solchen Zahlen zunächst als relativ unkompliziert dar:

Da die Abgeordneten grundsätzlich das Recht haben, ihre jeweilige Muttersprache bzw. jede der 24 Amtssprachen zu benutzen, ergeben sich für Übersetzer und Dolmetscher (theoretisch) 528 Sprachkombinationen. Auch wenn in der Praxis oft über so genannte ‚*Relais-Sprachen*' (‚Zwischen-Sprachen') gedolmetscht wird, sind doch allein mit der Übersetzungsarbeit rund 700 *Übersetzer* beschäftigt. Deren quantitative Übersetzungsleistung belief sich bereits im Jahr 2007 auf weit über eine Million Seiten.

Bei den Plenarsitzungen werden dann noch jeweils zwischen 800 und 1000 *Dolmetscher* eingesetzt, so dass das EU-Parlament insgesamt fast 500 verbeamtete und darüber hinaus, je nach Bedarf, noch etwa 2500 freiberufliche Dolmetscher beschäftigt. Aber nicht nur im institutionellen Kontext sind wir immer wieder auf die Hilfe von Übersetzern und Dolmetscher angewiesen, sondern bei allen Arten von Verstehensproblemen, die durch die Verwendung verschiedener Sprachen bedingt sind.

Die verschiedenen ‚Rollen' des Übersetzers und Dolmetschers

So sind wir uns im Grunde relativ schnell darüber einig, welche Rolle der Übersetzer oder Dolmetscher in einer Kommunikation zwischen Menschen verschiedener Muttersprachen einzunehmen hat: Als *Dolmetscher* übersetzt er (*simultan* oder *konsekutiv)* „hin" und „her", was sich zwei Kommunikationspartner unter Benutzung ihrer jeweiligen Muttersprache, die der andere Partner jedoch nicht versteht, mitteilen möchten. Als *Übersetzer* überträgt er einen schriftlich verfassten *Text* aus der Sprache, in der dieser verfasst ist (L1), in eine Zielsprache (L2), in der Leser, die der Quellensprache nicht mächtig sind, diesen verstehen können. In der Regel, wenn auch nicht immer, macht er dies so gut, dass die Leser oft gar nicht bemerken, dass es sich um einen aus einer anderen Sprache übersetzten Text handelt.

Der Dolmetscher stellt dagegen einen ‚echten' kommunikativen Kontakt her, der angesichts der Vielfalt der Sprachen oft nur noch durch seine vermittelnde Intervention herstellbar ist, sofern die Partner nicht über andere Möglichkeiten verfügen, ihre sprachliche Verschiedenheit zu überbrücken. In der mündlichen Kommunikation einigen sich anderssprachige Partner in der Regel schnell auf Englisch als *‚lingua franca'*, wenn sie beide mindestens über rudimentäre Englischkenntnisse verfügen. Dort allerdings, wo die Kommunikation in einer Drittsprache den Kommunikationsbedürfnisse bzw. -ansprüchen nicht mehr in ausreichendem Maße gerecht zu werden vermag, wird der Dolmetscher gewissermaßen zum ‚Dritten im Bunde': Als *Sprachmittler* tritt er als dritter „Kommunikator" neben dem ursprünglichen Sprecher und Hörer mit in die Kommunikationssituation ein.

Generell kann die Rolle des Übersetzers und Dolmetschers zwar als *Sprachmittler* oder als dritter *Kommunikator* verstanden werden, seine Aufgaben bzw. ‚Rollen' sind jedoch so vielfältig, wie die unterschiedlichen kommunikativen Anforderungen, die (potentielle) Auftraggeber an ihn stellen. Obwohl diese Anforderungen in der Situation des Dolmetschens sicherlich andere sind als in der Übersetzungssituation, wollen wir hier auf beide Situationen gleichermaßen Bezug nehmen, ohne auf die Unterschiede näher einzugehen.

Der Übersetzer als Kommunikator und Bote

Wenn wir den Übersetzer als ‚Kommunikator' und das Übersetzen als eine Form des sprachlichen Handelns betrachten, verstehen wir die Tätigkeit des Übersetzens und Dolmetschens als einen komplexen kommunikativen Prozess. Aber worin besteht die Tätigkeit des Übersetzers eigentlich, wenn er übersetzt? Worin besteht seine spezifische ‚übersetzerische Kompetenz'? Kann uns ein einfaches Kommunikationsmodell des Übersetzens helfen, die Frage zu beantworten, was in den Köpfen von Übersetzern vorgeht, wenn im Übersetzungsvorgang ein vorliegender Text in einer anderen Sprache formuliert wird?

Die doppelte Rolle des Übersetzers, *Empfänger* eines ausgangssprachlichen und zugleich *Sender* eines zielsprachigen Textes zu sein, ist im Prinzip der Rolle eines Boten vergleichbar, eines Vermittlers, der eine Botschaft aufnimmt, um sie an einem anderen Ort oder zu einer anderen Zeit und ggf. auch in einer anderen Sprache wiederzugeben bzw. seinem Auftraggeber abzuliefern. Beide Modelle, das des Kommunikators wie das des Boten, liefern mit dem Zusammenführen von Empfänger- und Senderrolle in einer Person jedoch noch keine Antwort auf die Frage, was der Übersetzer tatsächlich im *Prozess* des Übersetzens leistet. Ist das, was der Übersetzer tut, tatsächlich nur, wie frühe Übersetzungsmodelle angenommen haben, ein schlichtes ‚Umkodieren'?

Übersetzen als ‚Umkodierung'?

Die Vorstellung einer ‚Verdopplung' des gängigen Modells einsprachiger Kommunikation ist charakteristisch für eine *Zweistufentheorie* des Übersetzens. Diese Vorstellung geht davon aus, dass bei der Übersetzung ein Ausgangstext zunächst vom Übersetzer gelesen und (in je bestimmter Weise) verstanden (dekodiert) wird. Der verstandene *Sinn* des Ausgangstextes wird dann im ‚Kode' der Zielsprache neu ‚kodiert' und in dieser Form dem Empfänger übermittelt. Dementsprechend kann man das Übersetzen als ‚*Umkodierung*' verstehen.

Der in den 70-er und 80-er Jahren des 20. Jahrhunderts gängige Kode-Begriff, der üblicherweise sowohl für sprachliche wie auch für nicht-sprachliche Zeichensysteme verwendet wurde, unterstellt, dass im Übersetzungsprozess Zeichen der einen Sprache einfach durch Zeichen einer anderen Sprache, eben der jeweiligen Zielsprache, *ersetzt* werden. Ein solches Modell des Übersetzens wäre demnach ein einfaches Ersetzungsmodell, in dem sprachliche Zeichen als etwas verstanden werden, das ‚ausgetauscht' werden kann, ohne dass ein solcher Austausch Auswirkungen auf die mit dem ursprünglichen sprachlichen Zeichen in der Ausgangssprache gemeinte und zu übermittelnde Bedeutung hätte. Die beiden *Kodes* (Sprachen) wären sozusagen ‚eins zu eins' ineinander übertragbar, so dass dem sprachlichen Zeichen der einen Sprache bei konstant bleibender Inhaltsseite lediglich eine andere Ausdrucksseite (Form) in einer anderen Sprache zugeordnet würde. Aber ist das wirklich so einfach?

Verstehen

Wird die Rezeption des Ausgangstextes durch den Übersetzer nicht als Prozess der *Dekodierung* des ausgangssprachlichen Textes aufgefasst, sondern als Prozess des *Verstehens* des Sinns eines Textes, kann auch der Übersetzungsprozess nicht mehr als einfache ‚Umkodierung' verstanden werden. Es muss vielmehr darum gehen, die in den Kontext des Übersetzungsprozesses eingebetteten Verstehensprozesse angemessen zu berücksichtigen. Dabei gilt es, den gesamten kommunikativen Zusammenhang eines Textes zu erschließen, der letztendlich seinen Sinn bestimmt. Ebenso müssen Textfunktionen sowie Voraussetzungen und Ziele des Übersetzens berücksichtigt werden. Einige grundlegende verstehenstheoretische Überlegungen mögen dies verdeutlichen.

Wenn das Verstehen eines Textes niemals endgültig sein kann, ist auch die Übersetzbarkeit eines Textes immer relativ. Es gäbe letztlich keine (absolute) Äquivalenz der im Übersetzungsprozess ‚ausgetauschten' Zeichen, sondern immer nur eine Annäherung an den im Ausgangstext ‚vermuteten' Sinn. ‚Unendlichkeit' und ‚Annäherungscharakter' des Verstehens wird auch die Übersetzung zu einer ständigen Probe werden lassen, wie weit sich ein Verständnis bzw. eine diesem Verständnis entsprechende Übersetzung als kommunikativ tragfähig erweist.

Keine bloße ‚Sinn-Entnahme'

Was wir immer wieder ‚auf die Probe' (und damit auch zur Disposition) stellen, sind die im Prozess des Verstehens wie im Prozess des Übersetzens gemachten „Konstruktionen" eines Sinns, der im ausgangssprachlichen wie im zielsprachigen Text zwar gleichermaßen als Verstehens*möglichkeit* ‚angelegt' sein sollte, der aber dennoch nicht mechanisch aus der Bedeutung der sprachlichen Zeichen ‚abgeleitet' bzw. ‚entnommen' werden kann.

Ein Text ‚enthält' seinen Sinn nicht so, wie ein Container sein Ladegut enthält. Wenn diese Annahme richtig ist, dann können wir den Text bzw. seinen Sinn nicht im Sinne der gängigen Vorstellung einer *‚Sinn-Entnahme'* schlicht ‚dechiffrieren'. Dann muss auch der Übersetzer den Sinn eines Textes zunächst für sich ‚konstruieren', ebenso wie die Rezipienten der Übersetzung dann den mit der Übersetzung in ihrer Sprache vermittelten Sinn wiederum ‚re-konstruieren'. Sie tun dies jedoch ausschließlich in ihrer je eigenen Sprache, während der Übersetzer die re-konstruktive Leistung in zwei Sprachen erbringen muss: als ‚Empfänger' (in der Ausgangssprache) und als ‚Sender' (in der Zielsprache). Grundsätzlich kennen wir eine solche Doppelrolle aus jeder (dialogischen) Kommunikation, in der wir ja auch abwechselnd Sender und Empfänger sind; und wahrscheinlich sind die ‚Sprachen' der Kommunikationspartner dabei auch nicht wirklich, sondern allenfalls idealiter identisch, so dass wir in der einen oder anderen Weise immer schon ‚Übersetzer' sind.

Die spezifische Herausforderung für den professionellen Übersetzer besteht jedoch darin, dass er versuchen muss, „*equivalence in difference*", ‚Äquivalenz in der Verschiedenheit', zu gewährleisten, wie es der renommierte Linguist Roman Jakobson in den fünfziger Jahren des 20. Jahrhunderts genannt hat. Eine solche Äquivalenz ergibt sich nicht von selbst, sondern muss durch den Übersetzer immer wieder neu herzustellen versucht werden im Bewusstsein, dass er immer nur eine relative *Äquivalenz*, ‚Gleich*wertigkeit*', nicht aber *Identität* (auch nicht des Sinns) herstellen kann. – In diesem Sinn haben auch Theologen und Philosophen, wie etwa Martin Luther oder der Theologe und Philosoph Friedrich D. Schleiermacher (19. Jahrhundert), die Problematik des Übersetzens und Dolmetschens in Theorie und Praxis verstanden (so etwa Martin Luther in seinem „*Sendbrief vom Dolmetschen*" oder F. D. Schleiermacher in der kleinen Schrift von 1813 „*Über die verschiedenen Methoden des Übersetzens*").

Sisyphos-Arbeit

Wenn wir Friedrich D. Schleiermacher im Kontext der Romantik lesen und verstehen, könnte man fast sagen, dass in jedem Verstehensprozess und damit auch im Prozess des Übersetzens, die romantische Sehnsucht steckt, dass es doch möglich sein müsse, das individuelle Bewusstsein des Anderen jenseits der sprachlichen Verschiedenheit (selbst wenn nur mit Hilfe eines Übersetzers) irgendwann verstehend zu erreichen. Zugleich macht sich dann aber auch eine Art ‚Verzweiflung' bemerkbar, das letztlich immer fremd bleibende Bewusstsein des Anderen doch nicht wirklich erreichen zu können.

Wäre dann das Verstehen nicht eine Sisyphos-Arbeit? - Einer der französischen Philosophen und Romanciers der frühen Nachkriegszeit, Albert Camus, tröstet uns mit einem der Kern-Sätze aus seinem Sisyphos-Essay: „*Wir müssen uns Sisyphos als einen glücklichen Menschen vorstellen*". Und dies gerade in jenem Moment des Innehaltens kurz vor dem Erreichen des Ziels, in dem Sisyphos, der den Stein wieder und wieder den Berg hinauf gerollt hat, begreift, dass die Hoffnung eitel ist: Auch dieses Mal wird seine Mühe vergeblich gewesen sein, er wird den Gipfel nicht erreichen.

Aber gerade dieser Moment größter Verzweiflung (oder moderner: der Frustration) „*vollendet gleichzeitig seinen Sieg*" (A. Camus 1960). Sind wir nicht alle auf immer und ewig Sisyphos? Bleiben nicht alle großen Werke, die wir in Angriff nehmen, unvollendet? Die Romantiker waren wohl davon überzeugt, denn viele ihrer Texte haben nicht von ungefähr Fragmentcharakter.

Die Spannung, die auch der Übersetzer ebenso wie Sisyphos immer wieder ‚aushalten' muss, ist die zwischen der Hoffnung, dass die Übersetzung zwar grundsätzlich möglich ist, und der Unmöglichkeit, sie jemals wirklich zu vollenden. Es ist die Einsicht, dass das „Wesen" von Sprache gerade darin liegt, dass ihr eben diese Spannung notwendigerweise innewohnt: Sie ist das „individuelle Allgemeine".

Sprache ist ‚allgemein' und somit ‚objektiv', so dass Übersetzung prinzipiell *möglich* ist, aber sie ist auch etwas ‚individuell' Verfügbares und Formbares und damit ‚subjektiv', so dass Übersetzung letztlich *unmöglich* wäre, weil jeder von uns individuellen Sinn auf stets andere Weise ausdrückt, und dies erst recht, wenn er eine andere Sprache spricht. Die Mittel jedoch, die uns im Prinzip in jeder Sprache zur Verfügung stehen, sind wiederum nur ‚begrenzt' individuell anwendbar bzw. veränderbar, so wie z.B. das strukturierte grammatische System einer Sprache, aus dem wir nicht einfach ausbrechen können, ohne den Erfolg der Kommunikation, das Verstehen, ernsthaft zu gefährden.

Abgesehen von den vielen theoretischen Problemen, vor die uns die Komplexität des Übersetzungsvorgangs stellt, stehen Übersetzer in der Regel auch vor einer ganzen Reihe von praktischen, arbeitsorganisatorischen Problemen: Da faxt ein Unternehmen am späten Abend einer freiberuflichen Übersetzerin irgendwo in Polen einen deutschsprachigen Vertragsentwurf mit der Bitte, diesen bis zum nächsten Morgen um 10 Uhr ins Polnische zu übersetzen: „Ein wichtiger Kunde: Das kann ich nicht ablehnen" – Nachtschicht. Da werden dem Übersetzungsdienst der EU in Luxemburg am Abend Dokumente des Europäischen Parlaments in Straßburg übermittelt, die am nächsten Morgen übersetzt in die 24 Amtssprachen der EU dem Parlament vorliegen müssen – Nachtschicht.

Unsere Übersetzer stehen früh auf oder arbeiten die Nacht durch: Sie haben unsere theoretischen Probleme mehr oder weniger verdrängt, sie haben Termindruck und die Anforderungen ihrer Auftraggeber im Nacken, kämpfen vielleicht ums wirtschaftliche Überleben, werden schlecht bezahlt und leisten quantitativ wie qualitativ Beachtliches. Armer Sisyphos!

Zwecke der Übersetzung

Wie der Übersetzer übersetzt, hängt nicht zuletzt davon ab, was er für wen zu welchem Zweck übersetzt. Es hängt vom Auftraggeber ab, der die Leistung ‚definiert', für die er den Übersetzer bezahlt. Welche Art von Übersetzungsleistung er erwartet, hängt wiederum von seinen Interessen ab; davon, was die Übersetzung (für ihn) leisten soll, für welchen Zweck er sie benötigt. Nicht immer brauchen wir die spitzfindigen diplomatischen

Feinheiten, die in Ausgangs- wie Zielsprache genau zwei kontroverse Deutungen zulassen, manchmal reicht vielleicht schon eine Rohübersetzung aus. Das Interesse an einer bestimmten Art von Übersetzungsleistung ist allerdings nicht willkürlich, sondern auch abhängig von der Art des Textes, der Textklasse oder Textsorte und ihren jeweiligen kommunikativen Funktionen.

In der Tat ist es etwas grundsätzlich anderes, ob wir mit der Übersetzung von Gebrauchstexten oder mit einer ‚literarischen' Übersetzung befasst sind, ob wir mit der eher zweckorientierten Übersetzung einer Gebrauchsanweisung, einer Bedienungsanleitung, eines Reiseführertextes oder eines Vertragsentwurfs betraut werden oder ob wir einen literarischen Text übersetzen sollen.

Identität und Differenz

Vielleicht stoßen wir erst dort wirklich an die Grenzen der Übersetzbarkeit, wo wir nicht mehr von ‚Übersetzung', sondern eher von ‚Übertragung' sprechen, nicht mehr von ‚Translation', wie die Übersetzungswissenschaftler es nennen, sondern von ‚Transposition', vielleicht sogar von ‚Nachdichtung'. Bedeutet bei der Transposition ‚Äquivalenz' dann vielleicht etwas anderes als bei der Übersetzung von Gebrauchtexten?

Die Frage, was jeweils als äquivalent betrachtet werden kann, muss wohl tatsächlich unterschiedlich beantwortet werden, je nachdem, ob sie sich auf Alltagstexte oder auf Texte mit literarischen, künstlerisch-ästhetischen Ansprüchen bezieht. Was auch immer der Übersetzer für wen wie zu übersetzen hat, welchen *Grad* von Äquivalenz er je nach den Anforderungen des Auftraggebers bzw. der Textsorte auf welchen formalen oder kommunikativ-funktionalen Ebenen auch anstrebt, letztlich ist die Forderung nach Äquivalenz immer nur annähernd einlösbar. Sie lässt den Übersetzer immer wieder erfahren, dass er sich dem Ziel einer äquivalenten Übersetzung wieder einmal ein

Stück weit angenähert hat, dass er jedoch gleichwohl die grundsätzliche Spannung von *Identität und Differenz*, von ‚*Unendlichkeit (der Aufgabe)*' und ‚*Annäherung (an das Ziel)*' immer wieder aushalten muss.

Möglicherweise gehört gerade dies zu einer voll ausgebildeten Übersetzerkompetenz: Diese Spannung nicht zu unterdrücken, sondern diese auch für den zielsprachigen Leser durch die Art der Übersetzung erfahrbar zu machen. Man kann wohl tatsächlich, wie es F.D. Schleiermacher ausgedrückt hat, entweder den Text dem Leser annähern oder aber den Leser dem Text annähern, indem man beispielsweise die ‚Fremdheit' des Ausgangstextes durchscheinen lässt im Erhalt der ausgangssprachlichen Namen: Dann steigen wir in den *pospieszny* von *Wroclaw* nach *Poznan* (*do Poznania)* und nicht in den Schnellzug von *Breslau* nach *Posen*. Aber es könnte auch der „Nachtzug nach *Lissabon*" sein, so der Filmtitel… Warum nicht nach *Lisboa*?

Der Übersetzer als Bote

Wenn der Übersetzer auch als Sprachmittler eine Art Boten-Funktion übernimmt, so ist er sicherlich kein ‚Bote' im Sinne eines schlichten Briefträgers, der auf die reine Überbringer- bzw. Transportfunktion beschränkt ist. Wenn man nach Konzepten des Boten sucht, die geeignet sein könnten, die Rolle des Übersetzers angemessen zu verstehen, können wir noch einmal historisch zurückblicken in Zeiten einer einerseits bereits *literalen*, andererseits aber noch weitgehend *oralen* Kultur, in der Mündlichkeit und Schriftlichkeit zwar – wie heute auch – nebeneinander existiert haben, aber kommunikativ-funktional doch deutlich differenzierte Aufgaben wahrnehmen (siehe hierzu ausführlicher den Band 1 in der Reihe *Sprachwissen*).

Die besondere Leistung eines die Botschaft nicht nur überbringenden, sondern auch (mündlich) *erklärenden* Boten wird beispielsweise historisch manifest in dem sog. „*Institut der missi*", der ‚Königsboten', im Reich Karls des Großen. Als Modell für die Rolle des Übersetzers eignet sich eine solche Boten- und

Gesandten-Rolle deshalb, weil das *Erklären* der Gesetze und Verordnungen in den jeweiligen Volkssprachen im Grunde bereits das Konzept der *‚erklärender Übersetzung'* realisiert, hier allerdings primär auf der Ebene der Mündlichkeit.

Wollen wir die *Botenfunktion* also nicht auf die heutige ‚Brief*träger*funktion' reduzieren (das Grimm'schen Wörterbuch deutet diese Reduktion an: *„endlich um briefe zu tragen"*), so mag uns neben den erwähnten *missi* im mehrsprachigen Reich Karls des Großen der Götter*bote* Hermes willkommen sein, den wir uns als ‚Dolmetsch' des göttlichen Willens, als *‚Übermittler'* und *‚Vermittler'* einer vielleicht ‚göttlichen Sprache' vorstellen könnten, die allererst in menschliche Sprache ‚übersetzt' werden muss. So mag Hermes vielleicht auch als Namensgeber der ‚*Hermeneutik*', der Lehre vom Verstehen und Auslegen, gelten.

Wie der Bote den zu übermittelnden Text (mündlich erklärend) *wiedergibt*, hängt wie beim Übersetzer von seinem *Verständnis* des gehörten, aufgenommenen, im Gedächtnis transportierten und dann erinnerten und ‚wiedergegebenen' Textes ab. Somit ist die Wiedergabe des memorierten Textes in einer anderen Sprechsituation keineswegs eine einfache Wiederholung, sondern immer eine *Re-Konstruktion* des Sinns des ursprünglich Aufgenommenen und kognitiv Verarbeiteten, eines Sinns, der letztendlich von den Hörern in einer ganz anderen, ggf. auch anderssprachigen Kommunikationssituation „verstanden" werden muss.

Die Pointe ist jedoch noch eine andere: In dem Maße, in dem die ursprüngliche Verständigungssituation, in der der Text mündlich produziert wurde und in die er kommunikativ-funktional eingebunden war, trotz der vermittelnden Aktivität des Boten verloren geht, hat der übermittelte mündliche ‚Text' seine ‚Unmittelbarkeit' verloren, die er in der ursprünglichen Sprechsituation noch hatte. Und nicht zuletzt in diesem Sinn wird der Text dem neuen Adressaten zwangsläufig ‚fremd'.

Somit schafft bereits die mündliche Überlieferung (wenn man so will, das ‚Erzählen') eine ‚doppelte' Verstehenssituation, eine Situation, in der die ursprüngliche Verständigungssituation zwischen zwei gleichzeitig anwesenden Partnern verloren gegangen ist und nur noch durch einen vermittelnden Dritten (hier: durch den Boten) tendenziell wieder hergestellt werden kann. Die Abwesenheit des ursprünglichen Sprechers und die Herauslösung der sprachlichen Handlung aus ihrem Entstehungskontext schaffen eine Distanz, die selbst den mündlich vermittelten Text bereits wie einen schriftlichen erscheinen lassen: Er wird *tradiert*. Und deshalb muss er in der sekundären Verständigungssituation auch neu interpretiert werden, er muss ‚übersetzt' werden.

Adressat und Rezipient

So kann bereits in der durch den Boten oder Dolmetscher vermittelten *Mündlichkeit* eine ‚gebrochene' Situation entstehen, wie sie der Philologe gegenüber fremden Texten kennt. Er rezipiert Texte, die niemals an ihn adressiert waren (im Gegensatz etwa zu Briefen), er findet lediglich ‚sprachliche Daten' vor, die ihm prinzipiell zugänglich sind, weil sie zu irgendeinem Zweck aufbewahrt worden sind und er sie deshalb als Texte ‚rezipieren' kann.

In diesem Sinn resultiert das Verstehensproblem offenbar daraus, dass wir zu Lesern (Rezipienten) von Texten werden, die nicht an uns adressiert waren, es gar nicht sein konnten, weil wir zum Zeitpunkt ihrer Produktion vielleicht noch gar nicht gelebt haben oder weil wir die Sprache, in der sie verfasst worden sind, nicht beherrschen.

Somit können wir die Begriffe ‚*Adressat*' und ‚*Rezipient*' sinnvoll nutzen, um einen möglichen Grund für das Auftreten von Verstehensschwierigkeiten bei der Rezeption Texten zu finden. Die uns schwierig erscheinenden Texte wurden nicht *für uns*, sondern für ein anderes Publikum geschrieben. – Denken wir etwa an literarische Texte aus vergangenen Jahrhunderten: Adressaten können, wenn überhaupt, allenfalls die damaligen, zeitgenössischen Leser gewesen sein. Diese waren ggf. auch in der

Lage, jede kleine Anspielung, die Zwischentöne, zu verstehen, sofern sie die aktuellen Zusammenhänge kannten, aber auch, weil sie mit den (für uns historischen) Bedeutungen der vorkommenden Wörter vertraut waren, weil sie die feinen Nuancen kannten, die uns aufgrund von Bedeutungsveränderungen im Laufe der Zeit vielleicht verloren gegangen sind.

Wenn sich aufgrund der historischen Veränderung der Sprache oder auch aus anderen Gründen kein spontanes Verständnis bei der Lektüre von Texten ‚einstellt', wenn wir also Verstehensschwierigkeiten haben, wenn es uns nicht gelingen will, einen Text wirklich zu verstehen, auch wenn wir uns noch so sehr darum bemühen, können wir uns nach einem professionellen Vermittler umschauen. Vielleicht könnte dies ein ‚Bote' sein, der mehr ist als ein Briefträger, ein Bote, der uns eine Art *erklärende* (verständlichmachende) Übersetzung liefern kann.

‚Briefträger' oder Vermittler?

Einerseits kann sich die Übermittlung (Überbringung) von Botschaften, wie Jacob Grimm bereits andeutet, im Lauf der Geschichte offenbar immer mehr auf das Transportieren von Schriftstücken reduzieren, sobald der Text schriftlich konserviert vorliegt. Der Bote scheint mit dem Erreichen der Ebene der Schrift ein für alle Mal zum „Brief*träger*" herabgestuft worden zu sein. Er muss den Text nicht mehr im Kopf haben, denn er hat ihn auf dem Papier. Andererseits kann die Verfügbarkeit von Schrift aber auch eine neuen Variante der Botenfunktion begründen: Der Bote wird vom *Über*mittler zum *Ver*mittler, zum Übersetzer und Ausleger.

Der Bote in der Rolle des Übersetzers und Auslegers muss im Gegensatz zum „*Boten ohne Vollmacht*", der in der Tat nur der schlichte Überbringer der Botschaft sein kann (vergleichbar der Übergabe eines Schriftstücks durch einen Briefträger), ein „*Bote mit Vollmacht*" sein. Er muss die zu überbringende Botschaft eigenverantwortlich im Sinn verständnissichernder Maßnahmen den kommunikativen Gegebenheiten der Vermittlungssituation anzupassen befugt sein. So bleibt der ‚autorisierte' Bote kein stummer Überbringer, seine Aufgabe besteht tatsächlich darin, den an sich stummen Text zum Sprechen zu bringen, den Text und die in ihm zur Sprache gebrachte Sache für den jeweiligen Adressatenkreis (immer wieder neu) verständlich zu machen, ihn den Wissens- und Verstehensvoraussetzungen der jeweiligen Adressaten anzupassen.

Der ‚übersetzende' Bote

Bereits auf dem Konzil von Tours (813) wurde verfügt, dass die ‚(Königs)boten' zur Verkündung der Gesetze und Verordnungen (im Reich Karls des Großen) die *rustica Romana lingua aut Thiotisca,* die romanische oder deutsche Volkssprache, verwenden sollten. Bereits in diesem frühen historischen Zusammenhang wurde die Rolle des Boten somit zu der eines autorisierten Boten, zu der eines Übersetzers und Dolmetschers, dessen Aufgabe es war, den schriftlich-lateinischen Text im Rahmen einer mündlichen Verständigungssituation gewissermaßen in die Verständlichkeit, ‚zurückzuholen' und ihn damit im jeweiligen volkssprachlichen Kontext verstehbar und anwendbar zu machen.

Zum Prinzip der *Vereinheitlichung*, das durch das reichseinheitliche Lateinische als Gesetzessprache garantiert wurde, tritt das Prinzip der *Verständlichkeit* bzw. des Verständlichmachens, wie es in karolingischer Zeit im *Institut der missi* regelrecht institutionalisiert worden ist. Die Spannung zwischen *Latinität* und *Volkssprache*, wie auch die Spannung zwischen Schriftlichkeit und Mündlichkeit, wird im Akt der mündlich-volkssprachlichen Vermittlung des schriftlich-lateinischen Textes durch die Aktivität des Boten als Übersetzer und Dolmetscher, als ‚Verständlichmacher', kommunikativ aufgelöst.

Mit einer so verstandenen Botenrolle ist aber nicht nur ein frühes historisches Modell für die Sprachenwahl in mehrsprachigen Staatswesen gegeben, vielmehr können Elemente eines solchen Boten-Modells auch genutzt werden, um spezifischere Vorstellungen von der Rolle des Übersetzers zu gewinnen und unterschiedliche Formen der „Übersetzung“ bis hin zu einer „erklärenden Übersetzung“ präziser voneinander abgrenzen zu können.

Der Übersetzer als „Ausleger“

Auf dem Hintergrund der aufklärerischen Position des Johann Martin Chladenius in der Mitte des 18. Jahrhunderts lässt sich die Rolle des Übersetzers als Ausleger auch historisch begründen: Auslegen und Übersetzen haben die gleiche kommunikative Grundstruktur. Beide Tätigkeiten vollziehen sich kommunikativ in einer Art Lehr-Lern-Situation, in der ein „wissender“ und verstehender Ausleger in der Rolle eines „Lehrers“ einen „Schüler“, der bestimmte schwierige Stellen eines Textes (noch) nicht versteht, zum Verständnis dieser Stellen anzuleiten versucht.

Eine besondere Verstehensschwierigkeit entsteht nach Chladenius dann, wenn der Leser eine nicht hinreichende ‚Einsicht‘ in die jeweilige Sprache besitzt, „*worinnen das Buch abgefasset ist*“. Aber selbst, wenn wir eine Sprache kennen oder zu kennen glauben, setzt uns diese „*Erkäntniß der Sprache allein ... nicht in Stand ..., alle in derselben abgefaßte Bücher und Stellen zu verstehen*“ (Chladenius). Die Sprachkenntnis hat demnach keinen Automatismus des Verstehens von Texten zur Folge. Dies erkennen 200 Jahre später, 1974, auch die beiden amerikanische Kognitionswissenschaftler Bransford und Carell: „*A person may ... have knowledge of a language and yet fail to comprehend an utterance*“.

Der Verstehensprozess kann insgesamt ‚leerlaufen’, wenn der Leser nicht über genügend Vorwissen verfügt, um die im Textzusammenhang zu konkretisierenden Bedeutungen zu erschließen. So wird sich auch der Ausleger oder Übersetzer bei seiner

Übersetzung nach den jeweiligen Adressaten und deren Vorwissen richten müssen. Das heißt, dass er sich letztlich einer ‚erklärenden Übersetzung' bedienen muss, die es den Lesern in der Zielkultur ermöglicht, Sachzusammenhänge aus der Ausgangskultur auch dann zu verstehen, wenn diese nicht mit denen der Zielkultur übereinstimmen bzw. der Zielkultur nicht vertraut, mithin ‚fremd' sind.

Sind die Differenzen so groß, dass keine wirkliche Äquivalenz mehr gefunden werden kann, muss der Übersetzer ggf. zu (freieren) Formen der Übersetzung, zur *Transposition* oder ‚Umsetzung', greifen.

Der Übersetzer als ‚Erklärer'

Das Übersetzungsproblem manifestiert sich historisch tatsächlich bereits im Kontext der Christianisierung, wo sich historische Vorläufer einer erklärenden Übersetzung finden. Rudimentäre Vorformen des Übersetzens, die erste Verständnishilfen boten, durchziehen seit dem 8./9. Jahrhundert immer häufiger die lateinischen Texte, zunächst als vereinzelte (Rand)*glossen*, später bereits als erste *Wort-für-Wort-Übersetzungen.*

Von einer modernen Vorstellung einer ‚kommunikativen' oder ‚erklärenden Übersetzung' sind wir hier allerdings noch weit entfernt, so dass es durchaus umstritten ist, ob wir hier überhaupt schon von ‚Übersetzung' sprechen können: Liegen hier nicht eher subjektive (teilweise auch dogmatische) ‚Übersetzungen' bzw. ‚Bearbeitungen' vor, deren Ziel es nicht war, den Textsinn (objektiv) „*aufzuhellen und für Dritte verständlich zu machen*", wie es der italienische Rechtshistoriker Emilio Betti als Ziel der eigentlichen Übersetzung reklamiert. Nach Betti, der das Ideal einer ‚objektiven' Übersetzung vertritt, sind „*der Subjektivität des Übersetzers durch die Gebundenheit zur Treue und strengen Unterordnung im Hinblick auf den Sinn des Textes [...] feste Grenzen gesetzt*".

Auch wenn die ‚erklärende Übersetzung' nicht zwangsläufig ‚subjektiv' sein muss, ist sie jedoch stets eine ‚Gratwanderung', bei der gleichermaßen dem *Sinn des Textes* auf der einen, wie den *Verstehensvoraussetzungen* der zielsprachigen Rezipienten auf der anderen Seite Rechnung zu tragen versucht werden muss. Der erklärende Übersetzer befindet sich in der gleichen (pädagogisch-didaktischen) Situation wie derjenige, der innerhalb einer Sprache den Konflikt zwischen der Maxime „*Sage, was zu sagen ist*" (Relevanzmaxime) und der Maxime „*Rede so, dass dein Partner dich versteht*" (Verständlichkeitsmaxime) zu lösen bzw. auszuhalten versuchen muss.

Genau dieser Konflikt ist letztlich gleichermaßen konstitutiv für die Aufgabe des Verständlichmachens wie für die Aufgabe des erklärenden Übersetzens. Der Übersetzer leistet die gleiche Sisyphos-Arbeit wie der ‚Ausleger', ‚Erklärer' oder ‚Verständlichmacher': Er versucht den fremden oder fremd gewordenen Text ins „Sprachleben" der Zielsprache und Zielkultur zurück zu holen und ihn damit erneut kommunikativ wirksam werden zu lassen. So können auch die sog. „*intralinguale*" und die „*interlinguale* Übersetzung" im Prinzip nach dem gleichen Modell verstanden werden. Kommt der Übersetzung bereits generell das Moment des *Verstehens* und *Verständlichmachens* zu, so gilt dies in besonderem Maße für die ‚*erklärende Übersetzung*'.

Obwohl in der modernen Übersetzungswissenschaft der Begriff der erklärenden Übersetzung kaum verwendet zu werden scheint, finden sich eine Reihe von Begriffen, die Ähnliches zu umschreiben versuchen: So wird etwa beim Begriff der ‚*interlingualen Bearbeitung*' besonderer Wert auf die „*Anpassung*" an die zielkulturelle Situation gelegt. Trotzdem fehlt auch im Kontext einer kulturwissenschaftlich orientierten Übersetzungswissenschaft der Begriff der ‚erklärenden Übersetzung', obwohl die Notwendigkeit einer *Anpassung* des zielsprachigen Textes an die besonderen Gegebenheiten der Zielkultur gerade unter kulturwissenschaftlichen Aspekten ausdrücklich betont wird.

‚Erklärung' oder Übersetzungsfehler?

Werfen wir noch einmal einen Blick auf die eher pragmatischen Übersetzungsvorstellungen in der Zeit der Christianisierung bzw. im Reich Karls des Großen. Was hier gelegentlich als Übersetzungsfehler kritisiert worden ist, könnte durchaus auf Karls Drängen zurückzuführen sein, die Geistlichen wie die Laien sollten *‚gut verstehen'* (*bene intellegere*), was sie beteten oder gelobten, selbst wenn dies zusätzliche Erklärungen, also im Grunde eine ‚erklärende' Übersetzung bzw. Übertragung, erforderlich mache. - Ein so verstandener Prozess des Erklärens und Verständlichmachens konnte sich also keineswegs damit zufriedengeben, „*nur ein anderes, zwar deutsches, aber auch unverstandenes, vielleicht gar neugebildetes Wort an die Stelle der lateinischen Vokabel zu setzen*" (Werner Betz).

Werner Betz diskutiert dies an folgendem Beispiel: In der Sankt Galler Übersetzung des ‚Credo' finden wir für die lateinische Zeile *passus sub Pontio pilato* die althochdeutsche Übersetzung *kimatrot in kiwaltiu Pilates.* Was hier für „Unverständnis" des Übersetzers gehalten worden sei, der *sub Pontio* wohl als *sub potentia* (*in der Gewalt*) gelesen habe, könne auch Ergebnis einer auf Verständnis abzielenden Übertragung sein, mit der der Übersetzer die Schwierigkeit zu beseitigen versucht haben könnte, die für den germanischen Rezipienten in dem Doppelnamen *Pontius Pilatus* lag. Gleichzeitig wird das mehrdeutige *sub* weiter konkretisiert, indem es mit *‚in kiwaltiu – unter der Herrschaft'* übersetzt wird.

Und noch einmal Martin Luther…

„*Klar und gewaltiglich verdeutschen*" wolle er. Damit rechtfertigt Luther schon 1530 die eine oder andere verdeutlichende Hinzufügung in seiner Bibel-Übersetzung. Auch wenn sich damit die Bibelübersetzung nicht insgesamt als eine erklärende Übersetzung darstellt, können wir doch eine Reihe von Luthers übersetzerischen Entscheidungen als den Versuch verstehen,

Unbekanntes oder Fremdes durch eine weitergehende Erklärung für die Adressaten in der Zielsprache *verständlich zu machen.* Bleibt die Frage, ob wir solche im Hinblick auf die jeweiligen Adressaten hinzugefügte ‚Erklärungen' noch ‚Übersetzungen' nennen wollen, oder ob hier eine terminologische Abgrenzung der erklärenden Formen der Übersetzung von der ‚eigentlichen' Übersetzung notwendig ist.

Der traditionell *interlingual* verstandene Übersetzungsprozess (von L1 zu L2) weist, wie gesagt, eine vergleichbare Struktur auf wie der *intralinguale* Prozess einer Textbearbeitung in verständlichmachender Absicht. In beiden Fällen gilt es, Verstehensschwierigkeiten oder -hindernisse zu beseitigen, um solchen Lesern das Verständnis eines Textes zu ermöglichen, die den diesen in der Form (Sprache), in der er vorliegt, nicht oder nicht optimal verstehen können.

Wenn der Übersetzer hierbei alle ihm zur Verfügung stehenden Möglichkeiten, einschließlich der ‚erklärenden Übersetzung', nutzt, mag er einmal mehr, einmal weniger ‚Bote', ‚Ausleger' oder ‚Verständlichmacher' sein, stets wird er jedoch mehr sein als ein bloßer „Sprach-Mittler". Er hat es immer mit dem *Verstehen* eines Textes zu tun und in seiner ‚Doppelrolle' sogar mit dem Verstehen von Texten in zwei verschiedenen Sprachen, der des Produzenten des ausgangssprachlichen Textes und der des Rezipienten seines übersetzten Text.

Lektüreempfehlungen zu Kap. 4

Zuverlässig als Einführung sind immer noch:

Koller, Werner: *Einführung in die Übersetzungswissenschaft.* 6., durchgesehene und aktualisierte Auflage. Wiebelsheim; Quelle & Meyer, 2001.

Snell-Hornby, Mary et al. (Hg.): Handbuch Translation. Tübingen: Narr, 1998.

Zu hermeneutischen Konzeptionen des Übersetzens liegt ein von Larisa Cercel in Rumänien herausgegebener Sammelband vor:

Cercel, Larisa (Hg./éd.): *Übersetzung und Hermeneutik. Traduction et Herméneutique.* Bucharest: Zeta Books, 2009.

Eine empirische Untersuchung zu unserer Leitfrage, was „*in den Köpfen von Übersetzern vorgeht*“ hat H.P. Krings bereits 1986 vorgelegt:

Krings, Hans P.: *Was in den Köpfen von Übersetzern vorgeht. Eine empirische Untersuchung zur Struktur des Übersetzungsprozesses an fortgeschrittenen Französischlernern.* Tübingen: Narr, 1986.

Der ‚klassische‘ Aufsatz von F.D. Schleiermacher von 1813 „Über die verschiedenen Methoden des Übersetzens“, ist wieder abgedruckt in:

Störig. H.J (Hg.): *Das Problem des Übersetzens.* Darmstadt: Wiss. Buchgesellschaft, 1969, S. 38-70.

Autoren und Autorinnen, die zur Weiterführung der Grünen Reihe ‚Sprachwissen' beitragen oder andere Publikationsprojekte vorschlagen möchten, sind willkommen. Kontaktaufnahme erbeten unter info@mykumverlag.de

Mykum Verlag
Auf der Bornau 29
D-56321 Brey
GERMANY